Bettina Baltschev

Ein Jahr in Amsterdam

Bettina Baltschev

Ein Jahr in Amsterdam

Reise in den Alltag

FREIBURG · BASEL · WIEN

Originalausgabe

© Verlag Herder GmbH, Freiburg im Breisgau 2008
Alle Rechte vorbehalten
www.herder.de

Satz: Dtp-Satzservice Peter Huber, Freiburg
Herstellung: CPI Moravia Books, Pohorelice

Gedruckt auf umweltfreundlichem,
chlorfrei gebleichtem Papier
Printed in Czech Republic

ISBN 978-3-451-06002-1

Inhalt

proloog	7
mei	9
juni	29
juli	46
augustus	66
september	81
oktober	99
november	110
december	122
januari	135
februari	145
maart	161
april	175
epiloog	191

Als de lente komt, dan stuur ik jou: Tulpen uit Amsterdam
Als de lente komt, pluk ik voor jou: Tulpen uit Amsterdam
Als ik wederkom, dan breng ik jou: Tulpen uit Amsterdam
Duizend gele, duizend rooie, Wensen jou het allermooiste!
Wat mijn mond niet zeggen kan, Zeggen tulpen uit Amsterdam,
Zeggen tulpen uit Amsterdam!

proloog

OB ICH EIN DROGENPROBLEM HÄTTE, fragte mich meine
Freundin Claudia und versicherte mir, ich könne mit ihr über
alles reden, als ich ihr mitteilte, dass ich mich entschieden
hätte. Warum gerade Amsterdam, warum nicht London, Paris
oder Rom? Gut, Amsterdam ist nicht ganz so groß wie London, es gibt keinen Eiffelturm und kein Kolosseum, und die
Bezeichnung Weltstadt ist wohl eher eine Behauptung als eine
Tatsache. Außerdem sprechen die Leute dort eine Sprache, die
ich im Leben wahrscheinlich nie wieder brauchen werde. Aber
man kann die Frage auch anders stellen: Warum der reinen
Logik folgen? In meinem Leben waren immer die Momente
am besten, in denen ich mich zu Bauchentscheidungen habe
hinreißen lassen.

Es konnte kein Zufall sein, dass in der Woche, in der
mein Chef mir eröffnete, er komme besser ohne mich zurecht, in der Woche, in der mein Vermieter beschloss, mein
Haus müsse grundsaniert werden und ich mir eine neue
Bleibe suchen, in der Woche, in der zu guter Letzt mir auch
noch der Mann an meiner Seite erklärte, er müsse seine Jugend nachholen und zwar allein, dass mir ausgerechnet in dieser verflixten Woche eine kleine verschlissene Schallplatte in
die Hände fiel.

Die erste Schallplatte, die ich mir von meinem eigenen Geld gekauft hatte: Ich war dreizehn, und – bitte nicht lachen, das war vor zwanzig Jahren nun mal mein Musikgeschmack – es handelte sich um die Single „Hé, kleiner Fratz auf dem Kinderrad" von Herman van Veen. Ich habe die Platte damals in meinem Kinderzimmer rauf- und runtergehört, Herman hat mich regelmäßig in den Schlaf gesungen, und ich glaube, es hat meiner persönlichen Entwicklung nicht geschadet.

Jedenfalls, es war einer jener feuchttrüben Vorfrühlings-tage in Berlin. Statt meiner Gedanken sortierte ich lieber mei-ne Plattensammlung und ahnte während dessen bereits, dass etwas passieren musste, dass ich mich dem Job-Wohnung-Mann-weg-Schicksal nicht ergeben durfte, dass ich mein Le-ben ändern musste, wenigstens vorübergehend, aber dafür so schnell wie möglich.

Tja, und dann hielt ich diese kleine Schallplatte in den Händen und musste grinsen, mein Bauch sagte ja und die Sache war geklärt: Amsterdam, ich komme!

mei

AM FLUGHAFEN GEHT ES SCHON LOS. Andere Flughäfen dieser Welt heißen nach Präsidenten oder schlicht nach der Stadt, in der sie sich befinden, in Amsterdam dagegen klingt der Name des Flughafens wie das Geräusch der Krähen beim Liebesakt. Bitte sprechen Sie mir nach: Srrripphoool. Als wenn der Holländer gleich bei der Ankunft der Besucher seines ebenso überschaubaren wie feuchten Fleckchens Erde klarstellen will: ‚Probier es erst gar nicht. Niemals wirst du unsere Sprache wirklich beherrschen.'

Schon gut, ich bleibe erst mal beim Englischen, das versteht hier sowieso jeder. Deutsch eigentlich auch, aber das ist eine andere Geschichte, die wird später erzählt. In den nächsten zwölf Monaten werde ich noch genug Gelegenheit bekommen, mich der niederländischen Sprache wenigstens zu nähern. Zum Beispiel bei Joop und Lots. Die beiden habe ich mir in Berlin aus dem Internet gefischt, wo sie ein Zimmer ‚in a nice neighborhood of Amsterdam' angeboten haben. Eine richtige Bleibe werde ich mir später suchen, wenn ich mich etwas besser auskenne. Dass es nicht einfach werden würde, hatte mir die nette Dame von der niederländischen Botschaft in Berlin gesagt, und dass ich nicht zu viel erwarten solle. Was sie damit wohl gemeint hat?

Erst einmal bin ich froh, dass ich das Haus von Joop und Lots gefunden habe. Die ‚nice neighborhood' entpuppt sich als üppig begrünte Reihenhaussiedlung im Amsterdamer Stadtteil Slotervaart. Den müsste man außerhalb der Niederlande eigentlich nicht kennen. Aber zufällig habe ich über Slotervaart gerade erst in einer führenden deutschen Wochenzei-

9

tung gelesen, dass es sich wegen des hohen Ausländeranteils und der überdurchschnittlichen Kriminalitätsrate um einen Problembezirk handelt und der erste muslimische Bezirksbürgermeister der Niederlande deshalb mit einer Null-Toleranz-Strategie dafür sorgen will, Slotervaart aus den negativen Schlagzeilen zu holen.[1] In der Lobo-Braakensiekstraat merkt man jedoch von all dem nichts: Hier stehen keine flats, wie die Hochhäuser in den Niederlanden heißen, in denen sich angeblich schon mal zehn Personen in zwei Zimmern drängen, sondern Reihenhäuser mit zwei Stockwerken. Wer es sich leisten konnte, hat sich noch ein Dachgeschoss oben draufgesetzt. Joop und Lots konnten es sich leisten und haben deshalb zwei Gästezimmer zu vergeben.

Obwohl wir uns bis eben nicht kannten, drücken sie mir zur Begrüßung drei Küsse ins Gesicht, erst Joop, links, rechts, links, dann Lots, links, rechts, links.

„Hoi, Bettina, welkom in Amsterdam, hoe is het met je?"
Wie es mir geht? Na ja, den Umständen entsprechend, mit zwei Koffern in der Hand und flatterndem Herzen. Statt in Berlin meinen Problemen ins Auge zu sehen, stehe ich nun am Anfang eines unbekannten Weges in einer unbekannten Stadt vor zwei mir unbekannten Menschen, die zugegeben alles dafür tun, dass mir die ersten Tage nicht zu schwer werden. Slotervaart ist, abgesehen von seinem schlechten Ruf, nicht unbedingt das, was ich mir unter ‚typisch Amsterdam' vorgestellt hatte. Statt Wohnen an der Gracht eine stille Straße gar nicht so weit vom Flughafen. Dass in Amsterdam, verglichen mit Berlin, London oder Paris, alles ‚gar nicht so weit' ist, hätte ich mir denken können. Die einzige Sehenswürdigkeit in Slotervaart ist übrigens ein See, der Sloterplas, wo Joop und Lots regelmäßig drum herum joggen, immerhin. Der einzige Lärm kommt von den Flugzeugen, die in Schiphol, nein, in Srrripphoool, abheben und über den Garten ziehen, in dem

ich mit Joop und Lots meine erste Tasse Tee von ca. 2500 in den nächsten zwölf Monaten trinke.

Joop trägt ein buntes Oberhemd und Lots eine leichte Bluse, als wenn der Frühling schon längst begonnen hätte. Ich dagegen habe meinen Wollpullover angelassen und mir den Schal zurückgeholt, den ich im ersten Übermut abgelegt hatte. In Berlin habe ich vor kurzem zwar auch schon draußen gesessen, aber irgendwie ist die Luft hier frischer. Bilde ich mir das nur ein oder riecht es wirklich ein bisschen nach Meer?

„Ob ich noch eine Tasse Tee bekommen könnte?" – „Ja zeker!", sagt Lots und gießt mir nach.

Als ich am nächsten Morgen in meinem kleinen Dachzimmer aufwache, ist es abwechselnd hell und dunkel. Das kommt von den Wolken, die vom Wind an der Sonne vorbeigetrieben werden. Holländischer Wind, das ist auch so ein Kapitel für sich, aber ich will ja nicht vorgreifen. Joop und Lots sind schon wach, sie sitzen beide auf dem Wohnzimmerteppich und machen eine Art Gymnastik. Ach ja, das hab ich noch gar nicht gesagt, Joop und Lots sind Anfang sechzig, Eltern von drei erwachsenen Kindern, seit vierzig Jahren verheiratet, und zwar glücklich. Außer Gymnastik machen sie viele Dinge gemeinsam, kochen, reisen, reden, auch über Gefühle und so weiter. Sogar ich werde früher oder später darüber sprechen müssen, aber zu diesem Zeitpunkt nehmen sie noch Rücksicht auf meine Verlegenheit.

Lots fragt, ob ich ihre gymnastischen Übungen mitmachen will, ich lehne dankend ab und mache mir stattdessen ein Brot. In Holland geht das so: Ich nehme mir eine der flexiblen gummiartigen rechteckigen Scheiben, die man hier brood nennt und die immer in Plastiktüten verkauft werden wie bei uns Toastbrot, bestreiche sie mit Butter, wobei mein Messer an der glatten Oberfläche abrutscht. Daraufhin wuchte ich ein kiloschweres Stück Käse auf die Käseschneidemaschine (eine

Konstruktion auf vier Füßen, bei der ein Messer in den Boden eingelassen ist, über das man den Käse schiebt) und schneide damit ca. einen Zentimeter dicke Scheiben Käse ab. Die lege ich auf das Brot, was ich einmal zusammenklappe, und erhalte so eine Mahlzeit, die, hat man sie gegen acht Uhr morgens eingenommen, aufgrund des Käses bis ca. zwei Uhr nachmittags vorhält. Das Brot spielt beim Sättigungseffekt übrigens eher keine Rolle, da stehen die Holländer den Engländern eindeutig näher als uns deutschen Sauerteigbäckern. Zu meinem boterham, so heißt das Ding in meiner Hand, trinke ich wieder eine Tasse Tee, wobei, auch das ist mir neu, ein Teebeutel ruhig auch zwei bis fünf Mal wiederverwendet werden kann, der Tee wird dann zwar etwas heller, aber geschmacklich ändert sich fast nichts.

„En wat doe jij vandaag?" Joop und Lots haben ihre Übungen beendet und schauen mich erwartungsvoll an, so, als wenn ich bereits am ersten Tag nach meiner Ankunft ganz Amsterdam in die Tasche stecken müsste. „Tja, ein bisschen spazieren gehen vielleicht?"

„Met de fiets?" Mit dem Fahrrad? Ja sicher, warum nicht. Wie jeder gute Holländer haben Joop und Lots neben ihren eigenen Fahrrädern noch einige Ersatzräder in der Garage, man weiß ja nie, wer zu Besuch kommt, wann man einen Platten hat oder mal wieder ein Fahrrad geklaut wird. Das Damenfahrrad, das für mich in Frage kommt, hat schon bessere Tage gesehen, aber Joop versichert mir, dass es noch fährt, dass die Bremsen funktionieren, ich in der Stadt sowieso keine Gangschaltung brauche und das Quietschen der Pedalen im Straßenverkehr untergeht. Dann drückt er mir zwei Schlösser in die Hand, die jeweils wahrscheinlich doppelt so teuer waren wie das Fahrrad selbst, und schaut mir tief in die Augen.

„Nooit zonder slot! Niemals ohne Schloss! Du bist in Amsterdam, vergiss das nicht, wenn du hier irgendwo dein Rad ohne Schloss abstellst, dann wirst du es innerhalb von Sekunden los sein." Ich nicke etwas eingeschüchtert und fahre los. Immer geradeaus, haben sie gesagt, dann würde ich das Stadtzentrum nicht verfehlen.

Ich fahre vorbei an flats, auf deren Balkons Bettlaken trocknen, vorbei an Supermärkten, vor denen ältere Männer mit riesigen Einkaufstaschen sich auf Bänken ausruhen, an Berufsschulen, vor denen hübsche junge Frauen in Turnschuhen, Jeans und Kopftuch in der Sonne sitzen und coole junge Männer auf Motorrollern ihnen Avancen machen, indem sie um sie herumkurven und ihre Namen rufen.

Nach ca. zehn Minuten Fahrt, in denen ich mich an das Fahrrad und das Fahrrad sich an mich gewöhnt hat, werden die Straßen schmaler, die Häuser kleiner und heimeliger, roter Backstein und große Fenster ohne Gardinen bestimmen das Straßenbild. Langsam nähert sich Amsterdam meinen Vorstellungen an.

Und dann muss ich an einer Brücke anhalten, wo bereits eine Horde Radfahrer vor einer rot-weißen Schranke steht. Die Brücke ist in der Mitte auseinandergeklappt, auf dem Kanal darunter schieben sich langsam zwei Lastkähne vorbei. Nur gut, dass ich nirgendwo pünktlich sein muss. Die Leute um mich herum sind das Warten offensichtlich gewöhnt, sie kauen Nägel, quasseln in Handys oder gucken aufs Wasser. Kaum hat sich die Brücke wieder gesenkt, springen alle auf ihre Räder und sprinten davon.

Hinter der Brücke beginnt der Vondelpark (Vondel wie Fondel und Park wie Park, der Deutsche macht gern ein W aus dem V, dabei sagen wir doch auch Vogel und nicht Wogel). Dieser Park verdient jeglichen Superlativ oder einen einzigen Vergleich: Der Vondelpark ist für Amsterdam das, was für New York der Central Park ist. Auf fünf Quadratkilometern stehen 4400 Bäume und jedes Jahr kommen zehn Millionen Besucher dazu. Diese Besucher lassen sich in fünf Gruppen unterteilen: Radfahrer, Skater, Jogger, Spaziergänger und Hunde.

13

Spaziergänger sind das schwächste Glied in der Kette und in ständiger Gefahr, über den Haufen gefahren oder gerannt zu werden, aber davon lassen sie sich kaum beeindrucken, es sei denn, es sind Touristen. Benannt ist der Vondelpark nach Joost van den Vondel, der im 17. Jahrhundert lebte und neben einem gewissen Gerbrand A. Bredero (nach ihm sind ein Gymnasium und ein Pfannkuchen-Restaurant benannt) und einem gewissen Pieter Corneliszoon Hooft (seinen Namen trägt die teuerste Einkaufsstraße der Stadt) so eine Art Nationaldichter des Goldenen Zeitalters ist, was sich vor allem darin äußert, dass die Schulkinder mit seiner niederdeutschen Dichtkunst gequält werden.[2]

Hinter dem Vondelpark beginnt de binnenstad, das Zentrum von Amsterdam. Hier wird Radfahren zur Kunst, und nach kurzer Zeit kann man sie unterscheiden, die Künstler und die Dilettanten. Künstler ist jeder, der in Holland geboren ist und in der Regel eher radfahren als laufen konnte. Dilettanten sind alle anderen. Es dauert genau eine Stunde, und ich mache Bekanntschaft mit dem Amsterdamer Pflaster. Mit so einer Straßenbahnschiene ist eben nicht zu spaßen, wer da einmal reinrutscht, ist geliefert.

„Ach schat, heb je pijn?", fragt mich ein älterer Herr und reicht mir seine Hand, um mir aufzuhelfen. Schmerzen? Ich doch nicht! „Geht schon", sage ich und bewege vorsichtig mein Knie, das ich mir das letzte Mal aufgestoßen habe, als ich ca. acht Jahre alt war. „Oh, eine deutsche Dame!" Dame? Na ja.

„Willst du einen koffie mit mir trinken, auf den Schreck?" Ich betrachte den Mann erst kritisch, dann freundlich, und zusammen schieben wir unsere Räder zu einem kleinen Café an der Keizersgracht. Der Mann schaut mir dabei zu, wie ich die beiden Fahrradschlösser gewissenhaft um ein Verkehrsschild schlinge und drei Mal überprüfe, ob sie auch wirklich zugeschlossen sind.

„Zu Besuch in der Stadt?", fragt er mich, und ich mache eine Kopfbewegung, die ja und nein zugleich bedeuten könnte. Wir setzen uns an einen kleinen Tisch vor dem Café, und er winkt den Kellner heran.

„Twee koffie verkeerd, alstublieft!" – „Wie bitte, koffie verkeerd?" – „Milchkaffee, das heißt hier so, verkehrter Kaffee, mit viel Milch. Magst du das?" – „Sehr gern." – „Ach übrigens, mijn naam is Sommers, Jan Sommers." – „Angenehm, Baltschev, Bettina Baltschev."

Eigentlich sieht dieser Herr Sommers ganz nett aus, etwas rundlich, die Haare schon weiß, so Anfang siebzig wird er wohl sein. Ich frage mich, ob er das öfter macht, ausländische Frauen von der Straße auflesen. Herr Sommers nimmt einen großen Schluck Kaffee und lächelt mich an.

„Interessierst du dich für Kunst?" – „Ach ja, hin und wieder." – „Ich bin Sammler, wenn du Lust hast, besuch mich doch mal." Er steht auf und legt ein paar Münzen und eine Visitenkarte auf den Tisch. Bevor er mit dem Rad um die Ecke biegt, dreht er sich noch einmal um und winkt mir zu. Ich betaste mein Knie, das ein bisschen geschwollen ist, und seufze. Das fängt ja gut an.

Ich beschließe, meine erste ausführliche Begegnung mit Amsterdam auf später zu verschieben. Ich mache mich auf den Heimweg und brauche dafür doppelt so lang wie für den Weg in die Stadt. Im Vondelpark muss ich vom Rad absteigen, weil mein Knie sich immer schmerzhafter meldet. Bei einem fliegenden Händler kaufe ich mir ein Eis und setze mich auf eine Bank. Vor mir auf dem Rasen sitzt ein von jungen Hippiefrauen umringter Rastamann und trommelt um sein Leben. Kann man eigentlich schief trommeln? Ja, man kann! Also schiebe ich mein Fahrrad hundert Meter weiter. Hier begatten sich vor mir zwei Hunde, aber wenigstens tun sie das in aller Stille.

15

Auf einmal fühle ich mich ganz klein und hilflos, weil ich an die letzten Wochen denken muss, in denen die Ereignisse sich überschlagen haben, und daran, dass dieser Tag der erste von 365 ist und ich mir nicht mehr so sicher bin, ob das nicht ungefähr 355 Tage zu viel sind. Mein Sturz erscheint mir wie ein schlechtes Omen. Auf der anderen Seite, Joop und Lots, Jan Sommers, das sind am ersten Tag schon drei Holländer, die offensichtlich nichts dagegen haben, dass ich hier bin, und wenn das so weitergeht, müsste ich in einem Jahr halb Amsterdam kennen. Ich denke an Herman van Veen, dessen Lieder vor lauter Hoffnung und Zuversicht fast platzen (,Warum bin ich so fröhlich, so fröhlich, so fröhlich' heißt es in einem Lied, das man wirklich nur anhören kann, wenn man selber ausgesprochen fröhlich ist), erinnere mich daran, dass ich genau deswegen hier bin, und laufe zurück nach Slotervaart.

Als ich wieder bei Joop und Lots ankomme, riecht es im ganzen Haus nach Kohl. Lots hat boerenkool, Bauernkohl, gekocht, der Joost van den Vondel unter den holländischen Gerichten, Grünkohl und Kartoffelbrei in einer nicht mehr zu trennenden Einheit, dazu Fleischwurst mit Senf. Riecht komisch, sieht komisch aus, schmeckt aber und ist genau das Richtige für junge lädierte Frauen aus Berlin, die nicht genau wissen, was sie eigentlich wollen.

Nach dem Essen bleibe ich noch ein bisschen bei Joop und Lots sitzen. Wir trinken, man ahnt es, Tee, und ich blättere durch die Tageszeitungen, die sich auf einem Sessel stapeln. Ich sollte nicht zu lange warten, mir eine Wohnung oder wenigstens ein Zimmer zu suchen. Denn einen Job brauche ich ja auch noch, und schließlich bin ich nicht hergekommen, um Urlaub zu machen, so viel ist sicher. Ich versuche, in der Volkskrant einige Überschriften zu entziffern, aber es gelingt mir nur mäßig. Hier ein Artikel über Bondskanselier Merkel und da eine Rezension eines Buches von Leon de Winter. Der

Rest ist Raten. Joop zeigt mir die Seiten mit den advertenties und verspricht mir, in seiner Praxis, wo er als Allgemeinmediziner arbeitet, einen Zettel aufzuhängen, das ginge vielleicht schneller als die Wohnungssuche per Anzeige. Lots rät mir, im Goethe-Institut in der Herengracht einen Aushang anzubringen, doch da hat sie wohl etwas falsch verstanden. Wenn ich mich schon für ein Jahr in die Fremde begebe, dann will ich meine Zeit nicht zwischen sächsischen und bayerischen Auswanderern verbringen. Aber jetzt verstehe ich auch, was die Frau von der Botschaft in Berlin gemeint hat.

Normalerweise ist es ein ziemlicher Akt, in Amsterdam Wohnraum zu finden. Es gibt woningbouwverenigingen, Wohnungsbaugesellschaften, bei denen man sich einschreiben muss und die dann nach einem komplizierten Punktesystem entscheiden, wann man reif genug ist für die eigenen vier Wände. Und das kann ein paar Jahre dauern, jedenfalls wenn diese vier Wände bezahlbar sein sollen. Es erinnert mich ein bisschen an früher. In der DDR meldete man sich auch schon mit vierzehn für einen Trabi an, damit man mit Mitte zwanzig endlich ein Fahrzeug bekam.

Zurzeit wohnen in Amsterdam ca. 750 000 Menschen, d.h., es gibt eine dreiviertel Million Glückliche, die in der Stadt leben dürfen. Ca. 1,75 Millionen Menschen leben dagegen im Großraum Amsterdam. Von dort schaffen es die meisten nicht mehr mit dem Fahrrad in die Innenstadt und verstopfen entsprechend eifrig das enge Straßennetz rund um die Stadt oder die Regionalbahnen. Wer übrigens behauptet, nach Holland zu fahren, wenn er nach Amsterdam reist, hat ausnahmsweise recht und der neunmalkluge Einspruch ‚Es heißt nicht Holland, es heißt Niederlande‘ wird überflüssig. Denn, so steht es in jedem Lexikon, Amsterdam liegt in Noord-Holland, einer von zwölf Provinzen der Niederlande. Amsterdam ist jedoch nicht die Hauptstadt von Noord-Holland, wie man vielleicht annehmen könnte, das ist nämlich Haarlem, eine kleine Stadt

17

westlich von Amsterdam. Es gibt auch noch Zuid-Holland, davon ist die Hauptstadt wiederum Den Haag, Regierungssitz, obwohl doch Amsterdam die eigentliche Hauptstadt der Niederlande ist. Der Holländer setzt offensichtlich auf die komplizierte Lösung. Aber genug der geografischen Details.

Als ich im Arbeitszimmer von Joop, in dem sich medizinische Zeitschriften mit bemerkenswerten anatomischen Fotografien auftürmen, meine E-Mails abrufe, hat mir Claudia die Anleitung zum Bau eines Joints geschickt und findet das offensichtlich sehr komisch. Zur Strafe antworte ich ihr nicht, jedenfalls nicht sofort. Ich bastele mir stattdessen einen kühlenden Knieverband, stelle den Wecker auf eine Uhrzeit zwischen aufstehen müssen und aufstehen wollen und nehme mir vor, mich endlich ernsthaft um meine Zukunft in Amsterdam zu kümmern und nur noch im Notfall an Berlin zu denken.

Am nächsten Morgen hat mein Knie wieder halbwegs seine ursprüngliche Farbe und Form angenommen, und ich bin voller Tatendrang, als ich Lots in der Küche treffe, die gerade dabei ist, sich ein boterham zu machen.

„Ga je mee naar de Herdenking op de Dam?", fragt sie mich.

Ich vermute, sie verfolgt ein pädagogisches Konzept, das mir die Integration erleichtern soll, schließlich hat sie lange als Lehrerin gearbeitet, aber leider verstehe ich nach drei Tagen in Amsterdam immer noch sehr wenig Niederländisch, und meine Assoziationsfähigkeit hat sich zu dieser frühen Stunde auch noch nicht vollständig entfaltet. Herdenking? Dam? Ist das der Name einer Wohnungsbaugesellschaft?

„Het is 4 mei vandaag." Aha, das habe ich verstanden. Heute ist der 4. Mai. Ja, und morgen ist der 5. und dann der 6., so geht das eigentlich jeden Monat. Aber warum guckt Lots denn nur so ernst? „Am 4. Mai 1945 war der Krieg aus in Holland."

Ach du meine Güte, jetzt hätte ich mich aber fast blamiert.

18

Ich hätte mich ja auch mal ein bisschen informieren können. Am 5. Mai 1945 wurde die Kapitulation Deutschlands in den Niederlanden unterschrieben. Deshalb gilt seitdem der 5. Mai als Bevrijdingsdag, Befreiungstag, und der Vorabend, also der 4. Mai, ist Nationale Herdenking, Tag des nationalen Gedenkens. Der Dam, der größte Platz von Amsterdam, wo auch das Königspalais steht, ist an diesem Tag der Ort einer großen Kundgebung. Und da soll ich also mitgehen? Warum nicht, betrifft mich ja gewissermaßen auch, irgendwie. Ich verabrede mich mit Lots und Joop in einem Café in der Stadt, von wo aus wir dann gemeinsam zum Dam gehen wollen. Bevor ich mich aufs Rad schwinge, um in der Stadt Zettel mit meinem Wohnungsgesuch zu verteilen, hält mich Joop kurz zurück und ich glaube, es ist ihm ein bisschen peinlich, aber er sagt es trotzdem.

„Maybe it is better if we don't speak German tonight." Ich bin etwas erschrocken, aber wahrscheinlich hat er recht.[3]

Nachdem ich von fünfzig Zetteln zwanzig an Laternenpfählen, zwanzig in Cafés, drei in Bibliotheken, vier in Uni-Gebäuden verteilt habe und mir drei Zettel in die Gracht geweht sind, habe ich mir eine Pause verdient. Für Pausen ist die Innenstadt von Amsterdam der ideale Ort. Innerhalb des grachtengordel, des Grachtengürtels, von Herengracht, Prinsengracht, Keizersgracht und Singel, den großen Hauptadern, die sich im Halbrund elegant durch die Stadt ziehen, findet jeder sein Café, seine Kneipe, sein Restaurant. Ich entscheide mich für das Café Luxembourg am Spui (es sei davor gewarnt, dieses scheinbar harmlose Wort so auszusprechen, wie es da steht, es ist garantiert falsch), bestelle einen koffie verkeerd und komme mir dabei schon ziemlich professionell vor. Durch die großen Schaufenster kann ich über den ganzen Platz schauen. In der Mitte steht eine kleine Bronzefigur, ein Junge mit Schiebermütze, der seine Hände kess in die Hüften

19

gestemmt hat. Ich frage eine ältere Dame am Nachbartisch, ob sie weiß, wer der Junge ist.

„Oh, das ist unser Lieverdje, unser ‚Liebling'. Der steht da schon seit sechzig Jahren. Es heißt, er soll einem Amsterdamer Straßenjungen darstellen, einen mit Flausen im Kopf und großem Herzen, wie sie eben sind, unsere Jungs. In den Sechzigerjahren, als die Studenten die Stadt regierten, war die Figur sehr beliebt, sie wurde angezogen, mit Farbe beworfen und einmal sogar entführt. Wenn du dich das erste Mal mit einem Mann verabredest, dann musst du das am Lieverdje tun, das bringt Glück!"

Die Frau lacht und wendet sich wieder ihrer Zeitung zu, während ich weiter die Aussicht genieße. Links ein großer Buchladen, gegenüber der American Book Store, über die Straße die Hauptgebäude der UvA, der Universiteit van Amsterdam, und etwas weiter hinten der Zugang zum Begijnhof, einem mittelalterlichen Hof, in dem früher die Schwestern des Beginenordens wohnten und den man nur zu Fuß erreicht, eine stille Enklave in einer ansonsten wenig stillen Stadt.

Ich überlege, wo ich eigentlich vor zwei Stunden mein Fahrrad abgestellt habe, und suche auf dem Stadtplan den Weg von dem Café, in dem ich mich gerade befinde, zu dem Café, in dem ich mich mit Joop und Lots verabredet habe, und siehe da, es ist gar nicht weit!

Eine Stunde später befinde ich mich mit mehreren Tausend Menschen auf dem Dam. Der weiße Pfeiler des Nationaal Monument, des Nationaldenkmals, ragt in den blauen Himmel hinein, und Joop flüstert mir leise und auf Englisch ins Ohr, dass gerade Ihre Majestät Königin Beatrix gemeinsam mit Thronfolger Willem Alexander einen Kranz an eben jenem Denkmal niederlegt. Dann wird es ganz still, die Menschen um mich herum senken die Köpfe und nehmen ihre Mützen ab. Nach zwei Minuten erklingt das Wilhelmus, die

Nationalhymne der Niederlande. Joop flüstert jetzt nicht mehr, sondern singt aus voller Kehle mit. „Wilhelmus van Nassouwe ben ik, van Duitsen bloed ..."[4]

Deutsches Blut? Na, das passt ja.

Auf dem Weg zurück nach Hause, Joop, Lots und ich fahren auf unseren Rädern nebeneinander, das dürfen wir, schließlich sind wir die Könige der Straße, zählt mir Joop dann noch ein paar Vorurteile gegenüber uns deutschen moffen auf (wer dieses Wort an den Kopf geworfen bekommt, kann sicher sein, er ist nicht willkommen, das deutsche Wort ‚müffeln' für übel riechend oder stinkend lässt grüßen) – der Katalog reicht von arrogant, laut und humorlos bis schlechte Fußballer und Ordnungsfanatiker, wirklich nichts Neues also –, versichert mir aber im selben Atemzug, dass diese Vorurteile für mich nicht gelten würden. Natürlich nicht, und Gras ist blau, und morgen ist Weihnachten. Aber wer bin ich, ihm an einem Tag wie diesem zu widersprechen? Besser, er klärt mich gleich darüber auf, was der durchschnittliche Holländer vom durchschnittlichen Deutschen hält, vielleicht kann ich mit diesem Wissen ja ein paar Fettnäpfchen umgehen.

Nachdem sich über Tage niemand auf mein Wohnungsgesuch meldet, bekomme ich leichte Panik, dass ich den Rest des Jahres in Slotervaart verbringen muss. Nichts gegen Joop und Lots, die beiden sind ausgesprochen liebenswürdig, und die Sache mit den Vorurteilen habe ich längst vergessen, aber ein bisschen mehr Abenteuer wäre schon drin.

Damit ich nicht ganz ohne Ziel durch Amsterdam laufe, beschließe ich, mir zunächst ein eigenes Fahrrad zu kaufen. Dafür gibt es verschiedene Möglichkeiten. Ich kann in einem der zahlreichen fietsenwinkel (fiets ist das Fahrrad, winkel das Geschäft) ein Vermögen für eine neue Gazelle ausgeben, dem Mercedes unter den holländischen Rädern. Oder ich kann durch die Stadt streunen und darauf warten, dass mir ein

fadenscheiniger Typ auf einem Rad entgegenkommt, neben
mir langsamer wird, mir „Nur 50 Euro" zuraunt und mir damit sagen möchte, dass dieses Fahrrad höchstwahrscheinlich
geklaut und er höchstwahrscheinlich ein Junkie ist. Dabei hat
mir Joop erklärt, dass die Chance, dass einem das Fahrrad
geklaut wird, nur minimal mit seinem Kaufpreis korreliert.
Es gibt Holländer, die schwören darauf, auf rostigen Damen-
rädern herumzufahren, in der Überzeugung, die werden nie
gestohlen, und es gibt Holländer, die kaufen sich teure Teile
und behaupten dasselbe. Beklaut werden am Ende beide.

Also begebe ich mich auf den goldenen Mittelweg und
besuche einen von Lots empfohlenen Fahrradhändler, der mir
natürlich gern einen Mercedes verkaufen würde, aber auch
gebrauchte VW Polo im Angebot hat.

„Damesfiets of herenfiets, Mevrouw?" Ein Herrenrad? Da
komme ich doch erst gar nicht über die Stange. Aber robust
sollte das Rad schon sein, und nicht mit so viel Schnick-
schnack.

„Versnelling?" Gangschaltung? In Holland? Welche Berge
habe ich denn übersehen? „Nicht wegen der Berge, wegen des
starken Windes und wegen der vielen Brücken in Amsterdam!" Ach ja! So habe ich das noch gar nicht betrachtet. Also
gut, drei Gänge, gute Bremsen, ein bequemer Sattel.

„Ik heb ook dameszadel, Mevrouw." Ein Damensattel? Den
kenne ich eigentlich nur aus Filmen, wenn Frauen vergange-
ner Epochen mit wallenden Röcken seitlich auf Pferden auf-
sitzen, um ihren Prinzen entgegenzugaloppieren. Aber seitlich auf einem Fahrrad? „Kann ich mal sehen?"

Der Fahrradhändler verschwindet in der Werkstatt und
kommt mit einem Gegenstand zurück, der von unten aussieht
wie ein Sattel und von oben wie ein ovales Kissen. Der Mann
erzählt mir, dass diese Sattelvariante praktisch ist, wenn man
enge Röcke trägt, dass sie vor allem von älteren Damen gewählt wird, aber langsam aus der Mode kommt.

„Ach wissen Sie, so alt fühle ich mich noch gar nicht." Er mustert mich von oben bis unten und nickt. Am Ende wird es ein hellblaues Damenrad mit geschwungenem Lenker, großen Rädern und herkömmlichem Sattel. Ich sitze sehr aufrecht, die Gangschaltung funktioniert, und nichts quietscht, das ist doch schon mal ein Fortschritt gegenüber dem historischen Modell, das mir Joop und Lots überlassen haben. Das Rad soll 120 Euro kosten, guter Preis, denke ich, zahle und will gerade los, als mir der Fahrradhändler hinterherruft: „Mevrouw, heb je geen slot nodig?"

Ein Schloss! Um Gottes willen! Natürlich, ohne Schloss würde wahrscheinlich bald ein Junkie mit meinem hellblauen Wunder durch Amsterdam radeln und mir am Ende mein eigenes Rad zum Kauf anbieten. Soll schon vorgekommen sein, habe ich gehört. Ich kehre um, und weil man nicht am falschen Ende sparen soll, kaufe ich zwei unterarmdicke Metallschlösser und – habe ich gerade guter Preis gesagt? – bin noch einmal 120 Euro los. Es wird wirklich Zeit, dass ich einen Job finde.

Auf dem Weg nach Hause klingelt mein Handy. „Hoi, met Mathilde." Mathilde? Ich kann mich nicht erinnern, dass ich eine Mathilde kenne. „Spreek ik met Bettina?" Aber offensichtlich kennt Mathilde mich. „Du suchst ein Zimmer? Wir haben eins übrig." Ach, wunderbar, natürlich kenne ich eine Mathilde. „Wie schön, kann ich es mir ansehen?" – „Wenn du willst, komm morgen Abend vorbei, dann sind die anderen auch da." Bevor ich fragen kann, wer ‚die anderen' sind, diktiert mir Mathilde eine Adresse und hat schon aufgelegt. Morgen Abend also. Vielleicht klappt's ja doch noch mit dem Abenteuer.

Die Haare gewaschen und in sauberen Jeans stehe ich relativ pünktlich vor der Prinsengracht 26. Das Haus ist ca. drei Meter breit und vier Stockwerke hoch. Die meisten Grachtenhäuser in der Amsterdamer Innenstadt sind sehr schmal, weil die Grundstückspreise aufgrund von Platzmangel schon immer enorm waren. Durch das Fenster im Erdgeschoss kann ich eine große Küche erkennen, in der neben Herd und Kühlschrank auch ein Fernseher und mehrere halbfertige Fahrräder stehen. Ganz hinten hängt ein hellgrüner Plastikvorhang.

„Ga je mee naar binnen?" Ich zucke zusammen, als neben mir ein blonder Bär mit einem Schlüssel in der Hand auftaucht. „Hallo, wohnst du hier?" – „Du musst Bettina sein, hoi, ik ben Willem en ja, ik woon hier."

Aha, Willem, das muss einer der ‚anderen' sein, von denen Mathilde gesprochen hatte. Willem ist ca. zwei Meter groß, hat ausgesprochen breite Schultern, auf die sich eine blonde Mähne ergießt, mit seinen schweren Schuhen, dem karierten Hemd und dem khakifarbenen Parka sieht er aus wie das fleischgewordene Klischee eines schwedischen Holzfällers. Ich gebe ihm lieber nicht die Hand, zum Glück gibt es zur Begrüßung auch keine Küsschen, und folge ihm ins Haus. Der Gang ist zugestellt mit Kartons und Schuhen, in der Küche, die ich schon durchs Fenster besichtigt habe, stehe ich etwas verlegen herum, bis Willem „Ga zitten" sagt und ich mich auf das Sofa setze. „Mathilde und Johan kommen gleich, dann geht's los."

Ich nicke und weiß nicht, was ich sagen soll. ‚Dann geht's los', das kann schließlich alles Mögliche bedeuten, dass wir zusammen essen, dass ich gleich von drei Holländern ins Verhör genommen werde, dass sie mich an einen Stuhl fesseln und mich mit einem Stück Käse knebeln.

Meine Zweifel melden sich zurück. Warum tue ich mir das eigentlich an? Ich hätte doch sicher auch in Berlin wieder Job, Wohnung und Mann gefunden, irgendwann, statt eines sentimentalen Anflugs wegen die Flucht zu ergreifen und mich in Amsterdam um ein WG-Zimmer zu bewerben. Und überhaupt, meine letzten WG-Erfahrungen sind Jahre her. Außerdem: Willem, diesem Riesen, möchte man wirklich nicht im Dunkeln begegnen.

Und wenn ich doch bei Joop und Lots bleibe? Abenteuer hin oder her, so ein bisschen Ruhe und Geborgenheit würden meinem verletzten Seelchen vielleicht auch nicht schaden.

Im Flur tut sich was. Ich höre die Stimmen einer Frau und eines Mannes und im nächsten Moment stehen beide vor mir. „Hoi, ben jij Bettina?" Das muss Mathilde sein. „Hallo, guten Tag." – „Hallo, ik ben Johan." – „Hallo, guten Tag." Johan hat auch ein kariertes Hemd an, ist aber ungefähr zwei Köpfe kleiner als Willem und auch etwas schmaler. Er hat eine kurze Stoppelfrisur, und wenn Willem ein Bär ist, dann ist Johan, sagen wir, ein Rennpferd. Mathilde gäbe wohl ein gutes Reh, so wie sie durch die Küche schreitet und dabei ihr langes braunes Haar in den Nacken wirft.

„Also, Bettina aus Berlin, willst du Tee?" Johan setzt einen Kessel Wasser auf. Mathilde ist hinter dem hellgrünen Vorhang verschwunden und taucht gleichzeitig mit Willem wieder auf, der die Treppe herunterpoltert, die in den ersten Stock führt. Alle drei stehen sie nun vor mir und niemand sagt etwas, schließlich fangen wir gleichzeitig an zu grinsen. „Na los, komm rüber an den Tisch, da können wir dich in Ruhe ausfragen."

Mit dampfenden Tassen sitzen wir zusammen, und was es einfacher macht: Sie fragen nicht nur mich aus, ich frage auch sie aus, und zwei Stunden, zwei Kannen Tee und eine Flasche Rotwein später sind wir alle um einiges schlauer. Mathilde ist Künstlerin und baut ‚Objekte', Willem ist Architekt und baut Häuser und Johan studiert Geschichte und baut gerade seine Abschlussarbeit. Alle drei wohnen seit fünf Jahren in diesem Haus, alle drei kommen aus der Provinz, und alle drei finden Amsterdam im Herbst am schönsten. Sie finden, dass ich gar nicht so deutsch aussehe, wie sie erwartet hatten, eher franzö-

sisch, dass sie mich angerufen haben, weil sie dachten, ich
würde mal ein bisschen Ordnung ins Haus bringen – „Grapje,
kleiner Scherz!" – und dass ich, wenn ich kochen kann, gern
in das Zimmer von Marjolein einziehen kann, die gerade geheiratet hat und mit ihrem Mann nach Utrecht gezogen ist.
Ich frage sie, ob ich ihnen das sofort beweisen muss, das mit
dem Kochen, sie sagen nein, weil es früher oder später sowieso herauskommen würde, wenn ich sie belüge. Dann bringen sie mich hinauf in den dritten Stock, damit ich mir mein
Zimmer ansehen kann. Jedes Stockwerk besteht genau aus
einem Raum und einer kleinen Kammer mit Waschbecken.
Die Treppen sind so schmal, dass zwei Personen nicht nebeneinander laufen können, und ich frage erst mich und dann
Willem, wie sie denn die Möbel in die Zimmer geschafft haben. „Durchs Fenster."

Deshalb auch der Balken am Giebel mit dem Haken dran,
wie man ihn an vielen Häusern in der Stadt sieht. An dem
wird im Bedarfsfall eine Seilwinde befestigt. So werden schon
seit Jahrhunderten Möbel, Kartoffelsäcke und manchmal auch
Särge in die Häuser geliefert.

In Marjoleins Zimmer stehen ein Bett, ein kleiner Schreibtisch und drei Stühle. Das Fenster zur Prinsengracht reicht
fast über die gesamte Häuserfront, und weil es mittlerweile
dunkel geworden ist, spiegeln sich im Wasser die erleuchteten
Grachtenhäuser. Davor stehen Bäume im frischen Frühlings-
staat. Endlich habe ich es vor mir, das Bild vom Wohnen in
Amsterdam, wie ich es mir erträumt hatte. Da nimmt man
doch gern in Kauf, dass das Haus schon länger keinen Maler
mehr gesehen hat und das Geheimnis des grünen Plastikvor-
hangs in der Küche darin besteht, dass sich dahinter die einzige Badewanne im Haus befindet. Auf Wiedersehen Berlin,
goodbye privacy, welkom fröhliches Studentenleben!

In der Küche begießen wir meinen baldigen Einzug mit
einem letzten Glas Wein, und zum Abschied gibt es doch noch

Küsschen, drei mal drei, die von Willem sind etwas feucht, die von Mathilde in die Luft gehaucht und die von Johan eher rau.

Als ich durch das nächtliche Amsterdam zurück nach Slotervaart radle und die Mailuft meine geröteten Wangen kühlt, fühle ich mich plötzlich ganz leicht, und der Vondelpark kommt mir schon vor wie ein guter alter Bekannter. Irre ich mich oder pfeift da gerade jemand ‚Hé, kleiner Fratz auf dem Kinderrad ..'?

Anmerkungen zum mei

1 Der Mann heißt Ahmed Marcouch, ist marokkanischer Herkunft und Sozialdemokrat. In seiner Funktion als Bürgermeister kämpft er an zwei Fronten gegen Vorurteile, für manchen Holländer bleibt er ein Immigrant, von manchen Marokkanern wird er als Verräter beschimpft, der nun holländischer handele als die Holländer selbst. Doch allein, dass er das Amt übernommen hat, gilt bereits als wichtiges Signal für die Integration von Muslimen in den Niederlanden.

2 Das heutige Niederländisch gilt als westlicher Zweig des Niederdeutschen und beruht auf der niederdeutschen Schriftsprache des 17. Jahrhunderts, die auch Joost van den Vondel (1587–1679) benutzte. Spätere Sprachverschiebungen des Deutschen haben die Niederländer nicht mitgemacht, dafür aber andere, zum Beispiel französische und englische Wörter, übernommen. Der überwiegende Teil des niederländischen Wortschatzes stammt jedoch aus dem Mittelniederdeutschen, einer schriftsprachlichen Version des Niedersächsischen, die bis ins 17./18. Jahrhundert im gesamten norddeutschen Raum Verkehrssprache war.

3 Nach neuesten Umfragen ist der Zweite Weltkrieg übrigens nicht mehr die erste Assoziation, die die Niederländer mit uns Deutschen verbinden. Das hat einerseits mit der Zeit zu tun, die buchstäblich ,Wunden heilt', andererseits mit der Anerkennung, dass die Deutschen bis heute an ihrer Vergangenheitsbewältigung arbeiten.

4 Angeblich ist das *Wilhelmus* die älteste Nationalhymne der Welt, denn der Text wurde bereits im 16. Jahrhundert verfasst, als Nationalhymne eingesetzt wird er seit 1932. Willem van Oranje (1533–1584), Urvater des holländischen Königshauses, spricht darin von seinem Widerstand gegen die spanischen Besatzer, *van Duitsen bloed,* von deutschem Blut, verweist einerseits auf die sprachlichen Wurzeln des Niederländischen im Niederdeutschen als auch auf Willems Herkunft als Sohn des hessischen Grafen von Nassau-Dillenburg.

juni

EINE SEILWINDE HABE ICH FÜR MEINEN EINZUG bei Mathilde, Willem und Johan nicht gebraucht. Meine zwei Koffer hat mir Joop höchstpersönlich von Slotervaart in die Prinsengracht gefahren und sogar in den dritten Stock getragen.

„Meid, sterkte en succes en kom gauw langs!" Kraft und Erfolg kann ich sicher gebrauchen, und natürlich komme ich vorbei, schließlich sind mir Joop und Lots in den letzten Wochen schon ein bisschen ans Herz gewachsen.

Meine neuen Mitbewohner sind am Tag meiner Ankunft allesamt ausgeflogen, Arbeit, Uni, das Übliche. Nachdem ich meine Koffer ein bisschen von einer Zimmerecke in die andere geschoben habe, mir in der Küche einen, hoppla, Kaffee gekocht und mich davon überzeugt habe, dass der hellgrüne Plastikvorhang wenigstens blickdicht ist, beschließe ich, den Rest des Tages durch die Nachbarschaft zu spazieren. Am nächsten Tag muss auch ich wieder zur Arbeit. Denn, hört hört, seit zwei Wochen bin ich Buchhändlerin. Das heißt, ich tue so, als wäre ich eine. Am Spui, in dem großen Buchladen, vor dem das Lieverdje steht und an dem ich schon ein paar Mal vorbeigelaufen war, hing irgendwann ein Aushang, sie suchten eine Schwangerschaftsvertretung, möglichst mit Englisch- und Deutschkenntnissen. Und weil da nichts von fließendem Niederländisch stand ...

Der Chef hat erst mal geschluckt, als ich vor ihm stand, aber dann fand er es gar nicht so dumm, da könnten die Kollegen ja mit mir ihre Sprachkenntnisse auffrischen. Die Kollegen, das ist einmal Jeroen (spricht sich Jerun, weil im Holländischen oe immer u ist und u immer ü), das ist so ein Professörchen, den man alles fragen kann, jedenfalls über Bücher, und er hat garantiert eine Antwort. Ansonsten redet er wenig. Außerdem ist da noch Maartje, sie redet dafür umso mehr, zeichnet sich durch ein ausgesprochen sonniges Gemüt aus und ist deshalb auch zuständig für die Härtefälle unter den Kunden.

„Ich suche da was, also, wissen Sie, meine Frau hat da was im Radio gehört, da ging es um einen Mann, ich glaube, es muss ein Engländer gewesen sein, und der hat dann diese Frau getroffen und dann gab es da einen Strand. Wie der Autor heißt? Woher soll ich das wissen?"

Und auch wenn der Kunde nicht weiß, was er will, Maartje weiß es ganz bestimmt. Mein neuer Chef heißt Klaas und liebt zwar Bücher, Kunden jedoch findet er persönlich eher anstrengend und kümmert sich deshalb vorzugsweise um die Buchhaltung. Mein Auftrag ist es nun, die Touristen und fremdsprachigen Menschen, die den Weg in unseren Laden gefunden haben, abzufangen und in die Abteilung international literature zu schieben, um ihnen dort möglichst viele englische oder deutsche Reiseführer und Taschenbücher zu verkaufen.

Das klingt einfacher, als es ist. Am ersten Tag habe ich mich stundenlang an der Tür herumgedrückt und versucht, die Kunden, noch bevor sie nur ein Wort gesagt hatten, in Inländer und Ausländer zu sortieren. Nachdem das ein paar Mal schief gegangen ist – „Maar Mevrouw, ik wil geen engelse boeken!" –, helfe ich jetzt ein bisschen beim Sortieren, Arrangieren und Etikettenkleben und trete erst dann in Aktion, wenn ein Kunde sich bereits als des Niederländischen unkundig erwiesen hat.

Aber wie gesagt, für den Tag meines Umzugs habe ich mir frei genommen. Das Wetter ist schön, der Wind ist lau, und ich schlendere ein bisschen durch den Jordaan, das Viertel, das hinter unserem Haus beginnt. Ein besonderes und für manche das schönste Viertel von Amsterdam. Der Name ist übrigens eine Verballhornung des französischen Wortes jardin, der Garten. Gärten gibt es dort nur wenige, die Straßen und Gassen sind eng bebaut, und die Häuser sind niedriger als an den großen Vorzeige-Grachten. Im Jordaan hat nie der Wohlstand regiert, hier wohnten seit dem 17. Jahrhundert die so genannten kleinen Leute, die sich jedoch nicht den Spaß verderben ließen, weshalb der Jordaan bis heute reich ist an Kneipen und Cafés. Allerdings ist es wie in allen großen Städten und ihren vermeintlichen In-Vierteln, irgendwann wird die alteingesessene Bevölkerung verdrängt von modernen Kleinbürgern und Möchtegern-Bohemiens, und man hört die Alten schon singen: ‚Vroeger was alles beter ...‘

Ob früher wirklich alles besser war, darüber können wir nur Vermutungen anstellen. Ich finde sie jedenfalls immer noch reizend, die kleinen Läden, wo man alles bekommt, Hauptsache man braucht es nicht. Dazu an jeder Ecke Stühle auf der Straße, der Sonne zugewandt, und immer wieder Slalomlauf um abgestellte oder rollende Fahrräder. Auf einem der Stühle lasse ich mich nieder. Neben mir sonnt sich eine Katze im Fensterrahmen. Ein Mann mit Schnurrbart und speckiger Schürze bringt mir ein broodje haring, ein Heringsbrötchen, ganz klassisch garniert mit gehackten rohen Zwiebeln und saurer Gurke.

„Eet smakelijk!"

Während ich in mein Fischbrötchen beiße, bemerke ich einen süßlichen Geruch, der vom Coffeeshop nebenan herüberweht, wo die Türen weit offen stehen. Der Besitzer und ein Stammgast im Rentenalter sitzen vor dem Eingang, rauchen und plaudern, wahrscheinlich übers Wetter oder über Fußball, so wie überall auf der Welt. Wenn ich jetzt zugeben würde, dass ich Deutsche bin, würde ich damit sofort das Trauma von 1974 wachrufen, als die Niederlande und Deutschland am 7. Juli um 16 Uhr im Münchener Olympiastadion im Finale der Fußballweltmeisterschaft standen und Deutschland 2 : 1 gewann, was die niederländische Nation für Monate, gar Jahre, in eine tiefe Depression stürzte und dem Abbau von Vorurteilen nicht gerade zuträglich war. Ganze Bücher sind mit den Nachweisen von Sport- und anderen Experten gefüllt, dass die Niederländer ohne jeden Zweifel besser gespielt hätten und einen ungerechtfertigten Elfmeter einstecken mussten, der schließlich zum unverdienten Sieg der Deutschen geführt habe. Voetbal is oorlog, Fußball ist Krieg, so wird bis heute der damalige Nationaltrainer Rinus Michels zitiert, genützt hat es ihm allerdings nichts, verloren hat er trotzdem.

Statt mich in die Nesseln zu setzen, gebe ich mich lieber nicht zu erkennen, kraule zum Abschied das Kätzchen und lasse mich weiter durch die Gassen treiben, mal links, mal rechts, dann wieder links, war ich hier nicht schon mal?

Auf dem Weg zu meinem neuen Zuhause kaufe ich vier Schnitzel, Blumenkohl, Kartoffeln und Bier ein, schließlich habe ich noch ein Versprechen einzulösen.

„Ahhh, dat ruikt lekker!" Willem ist der Erste, der nach Hause kommt und sich aufs Sofa wirft. Es dauert nicht lange, da kommt auch Johan und wirft sich neben Willem. „Genau, meine deutsche Dame, so lieben wir es, Schnitzel en bloemkool!" Die Männer lachen und ich bin mir nicht sicher, ob sie nicht vor ihrem inneren Auge gerade ihre Vorstellung vom drallen Schwarzwald-Trachtenmädel hochleben lassen. Zum Glück kommt Mathilde und gleicht damit das Geschlechterverhältnis wieder aus.

„Soll ich dir helfen? Lass dich von den Jungs nicht beeindrucken, zu zweit sind sie manchmal unausstehlich. Sind die deutschen Männer auch so?" – „Ach weißt du, Mathilde, deutsche Männer, darüber sollten wir uns mal in Ruhe und unter vier Augen unterhalten."

Mathilde grinst. „Okay, wir gehen mal zusammen aus und dann erzählst du mir alles." Ich grinse zurück. Als wir alle et-

32

was ermattet in den Stühlen hängen und nicht eine Kartoffel übrig geblieben ist, schlägt Willem vor, zum Noordermarkt zu laufen, auf ein Bier in seinem Lieblingscafé. Auf dem Weg dorthin tätschelt er mir tatsächlich mit seiner Bärenklaue die Schulter. „Echt lekker deine Schnitzel, ab jetzt darfst du jeden Tag kochen." Das könnte ihm wohl so passen. Ich mache ein Gesicht, als hätte ich ihn nicht verstanden.

Im Buchladen habe ich meine Probezeit vorzeitig bestanden. Grund dafür ist der Mann, der am letzten Freitag kurz vor Ladenschluss hereinkam und ohne Punkt und Komma auf Maartje eingeredet hat. Die verstand nur ungefähr ein Viertel von dem, was er sagte, der Mann sprach nämlich Deutsch, das heißt, eigentlich sprach er eine Art Bairisch, und weil er dazu so schnell sprach, verstand auch ich nicht viel mehr als Maartje. Als die anfing, mir hilflos zuzublinzeln, stellte ich mich zu ihr und versuchte den Mann, immer wenn er Luft holte, zu unterbrechen.

„Entschuldigung, ich würde Ihnen gern helfen, aber ..." Noch mal. „Hallo, bitte, ich kann Ihnen sicher helfen." Als das auch nichts nützte, schob ich Maartje zur Seite, stemmte meine Fäuste in die Hüften, stand also da wie draußen das Lieverdje, und rief, für meine Begriffe ziemlich laut: „Stopp! Junger Mann, so geht das nicht."

Das half, der Mann war plötzlich still und offensichtlich auch überrascht, dass ich ihn in seiner vermeintlichen Muttersprache ansprach. „So, und jetzt noch mal langsam, Sie möchten ein Buch kaufen?" – „Ja, also ..." – „Ein deutsches Buch?" – „Ja." – „Dann kommen Sie bitte mit."

Ich lief dem Mann voraus in die Abteilung international literature, wo er mir noch einmal, aber diesmal etwas langsamer erklärte, er habe vor einigen Stunden eine Frau kennengelernt, eine deutsche Frau, die schon länger in Amsterdam lebe. Er habe sie in einem Straßencafé getroffen und sie hät-

33

ten sich so wunderbar unterhalten, und dann habe sie ihm von einem Roman erzählt, den sie als Studentin gelesen hatte, und dass sie dieses Buch gern noch einmal lesen würde, aber sie habe den Titel vergessen, und der Autor habe so einen kurzen Namen gehabt, irgendwas mit F. Langsam verstand ich, worauf er hinaus wollte.

„Wir haben uns verabredet, für heute Abend. Ich glaube, diese Frau ist etwas ganz Besonderes." – „Bitte, so genau will ich das gar nicht wissen. Sie möchten sie also mit diesem Roman überraschen?" – „Ich glaube, damit könnte ich sie sehr beeindrucken." – „Das glaube ich allerdings auch."

Mittlerweile drückten sich auch Maartje, Jeroen und Klaas in ‚meiner' Abteilung herum und taten so, als wenn sie sich besonders für amerikanische Lyrik interessierten, dabei waren sie nur gespannt, wie ich aus dieser Geschichte wieder herauskommen würde.

„Na, da haben wir doch ein paar Anhaltspunkte, ein deutscher Roman, der Autor beginnt mit F, das ist doch schon eine ganze Menge." Wenn die anderen mich nicht beobachtet hätten, ich hätte den Mann längst zu einem Gedichtband von Goethe überredet, der hätte die Dame garantiert auch beeindruckt. Aber so ...

„Hat die Frau denn ein bisschen mehr erzählt, worum es in dem Roman ging?" – „Eine Liebesgeschichte." – „Wie originell." – „Ein Mann, eine Frau." – „Ist nicht wahr." – „Der Mann ist schon etwas älter." – „Und die Frau wahrscheinlich jünger?" – „Die Frau ist nur halb so alt wie er, und sie treffen sich in New York und haben nur ein Wochenende Zeit." – „Nur ein Wochenende?" – „Ja, und dann muss der Mann zurück zu seiner Frau oder so ähnlich." – „Und der Name des Autors beginnt mit F." –„Ja, so hat es mir Helga gesagt."

Ich tat so, als wenn ich im Regal mit den deutschen Romanen suchen würde, aber in Wirklichkeit versuchte ich nur, den erwartungsvollen Blicken meiner Kollegen auszuweichen. „F,

F, also da hätten wir Fallada, Feuchtwanger, Fleißer, Fontane, Franck ..., tja. Wissen Sie denn zufällig, wann Ihre Helga das Buch gelesen hat, also damals, als sie Studentin war? Dann könnte man alle Romane, die danach erschienen sind, schon mal ausschließen."

Der Mann überlegte. „Das muss so ca. dreißig Jahre her sein, wissen Sie, ich bin ja selbst auch schon sechzig, und Helga, ich hab sie natürlich nicht gefragt, aber fünfzig wird sie schon sein, sie sieht allerdings viel jünger aus." Na sicher. Also die Siebziger, was war denn da aktuell? Ich starrte angestrengt auf das Regal vor mir. Dann fiel mir etwas ein. Na klar! Das musste es sein.

„Könnte es sich um Max Frisch handeln?" – „Ist das der mit dem ‚Homer Faber'?" – „‚Homo Faber' heißt das Buch, ja genau, der ist das." – „Und der hat auch Liebesgeschichten geschrieben?" – „Na ja, jedenfalls eine Art Liebesgeschichte gibt es hier, die spielt immerhin in New York und dauert nur ein Wochenende."

Ich hielt ihm ein Taschenbuch vor die Nase, das wohl schon etwas länger im Regal gestanden hatte, der Buchrücken war jedenfalls nicht mehr blütenweiß. „‚Montauk'."

Der Mann blätterte vor, zurück und wieder vor. „Ja, das könnte es sein." Der Mann nickte und schaute mich an. „Ich versuche das einfach, und wenn nicht, vielleicht mag sie mich ja trotzdem." – „Ganz bestimmt."

Meine Kollegen standen mittlerweile an der Tür, es war längst acht vorbei, aber als ich den Mann verabschiedete und ihm viel Glück mit Helga wünschte, guckten sie mich ganz schön bewundernd an, nur Klaas kommentierte meine buchhändlerische Feuertaufe für meine Begriffe etwas zu leidenschaftslos. „Geht doch."

Am nächsten Morgen stand dann ein Blumenstrauß auf dem Kassentisch.

„Hast du Geburtstag?", fragte ich Maartje. „Nee, aber du

vielleicht?" – „Nicht, dass ich wüsste." – „Ach Quatsch, hat der Mann von gestern gebracht, du hattest recht, es war ‚Montauk'. So wie der gestrahlt hat, hat er die letzte Nacht nicht allein verbracht."

So war das also. Mit dieser Geschichte habe ich sogar den allwissenden Jeroen überzeugt, was sich darin äußerte, dass er mich in der Mittagspause zu einem Kaffee einlud und mir von seiner kleinen Tochter erzählte, die bald in die Schule kommt. Plötzlich kam er mir gar nicht mehr so professorenhaft vor, und schließlich kann ja nicht jeder so viel reden wie Maartje.

Ob sich allerdings Klaas jemals von irgendetwas, was meine Person betrifft, beeindrucken lässt, steht in den Sternen. Ich versuche ja wirklich mein Bestes, und wenn ich nicht gerade deutsche oder amerikanische Touristen betreue, streune ich auch gern durch die anderen Abteilungen unseres Ladens, um mein solides Halbwissen über die niederländische Literatur auszubauen. Und weil mir nichts Besseres einfällt, um ein Gespräch mit Klaas zu beginnen, halte ich ihm eben den letzten Roman von Connie Palmen hin und frage, ob es sich lohnt, den zu lesen. Und was macht dieser Mann? Er schaut nicht mal hoch und brummt stattdessen: „Ik lees geen vrouwen." Er liest keine Frauen. Warum auch, als Buchhändler.

Mitte Juni wird es übrigens auch in Amsterdam langsam wärmer. Nicht unbedingt so warm, dass man den ganzen Abend im Kleidchen auf der Terrasse sitzen möchte, aber wenn man sich einen Pullover für nach zwanzig Uhr mitnimmt, ist es recht angenehm. Ich war immer noch nicht am Meer, was eine Schande ist, aber seit ich in dem Laden arbeite und jeden Abend für meine WG kochen muss ...

Nein, das stimmt natürlich nicht, trotzdem, die Zeit vergeht irgendwie schneller als in Berlin, obwohl die Uhren, um im Bilde zu bleiben, in Amsterdam eigentlich gar nicht so

schnell ticken wie in meiner Heimatstadt. Wie auch, ohne U-
und S-Bahn.

Der Amsterdamer, also der hier Geborene, ist nach meinen
ersten Recherchen vor Ort eher ein besonnener Typ, er lacht
und redet gern und viel (Ausnahmen bestätigen die Regel,
siehe oben), hat auch mal ein großes Mundwerk, aber trägt,
nun ja, mir fällt jetzt wirklich kein originelleres Bild ein, das
Herz am rechten Fleck. Wobei der geborene Amsterdamer
durchaus Vorfahren in Suriname, Marokko oder Indonesien
haben kann und auf den ersten Blick nichts gemeinsam hat
mit den blonden hochgeschossenen Schlaksen, die vor der
Universitätsbibliothek ihre Pausenbrote verschlingen. Amsterdam ist nämlich, so jedenfalls die Statistik, weltweit die Stadt
mit den meisten Nationalitäten. Die Menschen in Amsterdam
kommen aus 177 verschiedenen Ländern, darunter einige, von
denen man nur selten hört, zum Beispiel Malawi. Zum Vergleich: In New York leben nur Menschen aus 150 verschiedenen Ländern. Angeblich wohnen in Amsterdam auch über
sechstausend Deutsche, aber so genau will ich das gar nicht
wissen, von denen habe ich schließlich zu Hause genug.

Also, wo war ich stehen geblieben? Ach ja, der Amsterdamer in seiner natürlichen Umgebung. Er lebt nicht gerade
innerhalb des Grachtengürtels, sondern ein bisschen außerhalb des Stadtzentrums, so wie Joop und Lots oder meine Kollegen im Buchladen, die meine Adresse an der Prinsengracht
deshalb auch ziemlich dekadent finden, weswegen ich ihnen
versprechen musste, dass ich sie irgendwann alle einlade
(„Wir lieben Schnitzel!"), damit ich ihnen beweisen kann, dass
es in unserem Haus mit der Dekadenz nicht sehr weit her ist.
Aber das ist im Moment auch egal, da ich sowieso fast jeden
Abend unterwegs bin. Meine Mitbewohner sind im Herzen
nämlich auch Amsterdamer und haben sich wohl vorgenommen, dass ich bald eine Amsterdammse werden soll, deshalb
sind sie sehr darum bemüht, mir alle ihr Freunde sowie Lieb-

37

lingsbarmänner und -barfrauen vorzustellen. Dabei verlaufen die Abende mit Willem immer etwas rustikal, ich weiß nicht, wo dieser Mann die vielen Biere unterbringt, ohne dabei aus der Fassung zu geraten, ich habe längst aufgehört, aus lauter Höflichkeit mithalten zu wollen.

Mit Mathilde dagegen habe ich bereits mehrere Abende mit der Analyse des Mitteleuropäers männlichen Geschlechts im Allgemeinen sowie des Deutschen und Niederländers im Besonderen verbracht, und wir sind sogar auf einige Parallelen gestoßen. Sowohl der deutsche als auch der holländische Großstädter männlichen Geschlechts legt sich nur ungern fest und zweifelt gern. Kommt mir irgendwie bekannt vor. Aber damit hier kein falscher Eindruck entsteht, Mathilde und ich sprechen auch über Kunst, so habe ich von Mathilde zum Beispiel schon einiges über De Stijl erfahren, eine Künstlergruppe der 1920er Jahre, deren bekanntester Vertreter Piet Mondriaan ist (das ist der mit den schwarzen Vierecken und roten, blauen und gelben Flächen ...). Mathilde ist nämlich ein großer Fan dieser Gruppe, was man ihren abstrakten ‚Objekten' ansehen kann, außerdem hat sie an der Rietveld-Akademie Kunst studiert, und Gerrit Rietveld war ebenfalls Mitglied von De Stijl.

Von Johan dachte ich zunächst, er weiche mir aus, so selten bin ich ihm begegnet, dabei ist er vermutlich der Einzige von uns vieren, der wirklich Stress hat und mich deshalb bittet, ihn Ende Oktober noch mal anzusprechen, dann hätte er nämlich seine Arbeit über den niederländischen Kulturhistoriker Johan Huizinga abgegeben. Ich solle es bitte nicht persönlich nehmen, und wenn ich wolle, könne ich gern zu seinem Vortrag zum ‚Herbst des Mittelalters' kommen, den er in zwei Wochen an der Universität halten muss. Warum nicht? Schließlich bin ich auf dem Weg von Slotervaart in die Stadt schon mehrmals durch die Johan-Huizinga-Laan geradelt, kann ja nicht schaden, etwas mehr über diesen Mann zu erfahren, Johan über Johan sozusagen.[1]

Und dann schaffen wir es doch noch ans Meer (Meer heißt übrigens auf Holländisch zee, was man ,See' ausspricht, und ,See' heißt auf Holländisch meer, was man ,Meer' ausspricht, das bringt man leicht durcheinander, aber das nur nebenbei). Eines Samstagmorgens sitzen wir zufällig alle gleichzeitig in der Küche, das heißt, Willem sitzt nicht bei uns am Tisch, sondern trällert in der Badewanne hinter dem hellgrünen Plastikvorhang ein Liedchen, und obwohl Johans Augenringe auf eine kurze, aber bestimmt nicht durchzechte Nacht hindeuten, macht er genau den richtigen Vorschlag für diesen Tag.

„Warum fahren wir nicht nach Zandvoort?" – „Zandvoort?" – „Strand, Dünen, Meer", hilft mir Mathilde aus und gähnt. „O ja, ich bin dabei", sage ich, und Mathilde gähnt noch einmal. „Ich glaube, ich leg mich noch mal hin." – „Mathilde, du Schlafmütze, komm schon, das wird lustig, wir alle zusammen."

Johan ist schon aufgestanden und durchsucht den Küchenschrank. „Hier müssen doch irgendwo noch Thermosflaschen sein." – „Oben links", trällert Willem und kommt mit eingezogenem Bauch und einem äußerst schmalen Handtuch um die Hüften in die Küche stolziert. „Na du Gockel, wie ist es mir dir, kommst du mit an den Strand?" – „Och, muss das sein, jetzt bin ich gerade sauber." – „Na und, du kannst ja heute Abend noch mal duschen." – „Okay, ich zieh mir was an."

„Gerne", sagt Mathilde, die sich die ganze Zeit mit einer Hand die Augen zuhält und mir dann mit Daumen und Zeigefinger ein Zeichen macht, das ich erst später verstehe, als wir schon fast in Zandvoort angekommen sind.

Mit Rücksicht auf meine noch schlecht ausgebildeten Wadenmuskeln nehmen wir den Zug zum Strand, obwohl die Variante mit dem Fahrrad standesgemäßer wäre, weil der Hol-

39

länder sich in der Regel nur von Tornados und Erdbeben vom Radfahren abhalten lässt. Doch mein Gesichtsausdruck ist eindeutig, nachdem Mathilde auf meine durchaus optimistische Anfrage erst „25 Kilometer" und dann „zweieinhalb Stunden" antwortet.

Johan und Mathilde finden Zugfahren zwar ,schrecklich umständlich', doch Willem ist auch ganz froh, dass wir nicht mit dem Rad fahren. Er schläft sofort ein, als wir in der Regionalbahn sitzen. Zwanzig Minuten später sind wir schon angekommen, niemand ist verschwitzt und durstig, niemand hat Muskelkater, ich verstehe wirklich nicht, wie man bei dieser bequemen Variante auch nur daran denken kann, die Strecke mit dem Fahrrad zurückzulegen. Als ich Mathilde später, wir liegen schon seit Stunden im Sand, darauf anspreche, murmelt sie, ohne dabei den Kopf zu heben, etwas von Fahrradöl im Blut und Calvinismus und dass man sich das Leben auf Erden eben schwer machen müsse, weil es im Himmel dann umso schöner wird. Unauffällig ziehe ich den Sonnenschirm etwas mehr in ihre Richtung, damit ihr Kopf nicht noch heißer wird.

Zugegeben, wir sind an diesem Tag nicht die Einzigen, die es ans Wasser gezogen hat. Ich habe nicht nachgezählt, vermute aber, dass ca. jeder vierte Amsterdamer gerade mit uns in der Sonne grillt. Das erinnert mich an das Lied ,15 miljoen mensen op dat hele kleine stukje aarde' (15 Millionen Menschen auf diesem sehr kleinen Stückchen Erde) von Fluitsma & Van Tijn, das mir Willem ein paar Tage zuvor vorgespielt hat, so laut, dass alle Wände wackelten, dazu Willems lauter Bass, er kannte den Text von vorn bis hinten, bei der Melodie war ich mir nicht so sicher. Wenn ich es richtig verstanden habe, geht es bei diesem Lied auch ein bisschen um die Enge am Strand.[2]

„Du, Bettina, kommst du mit zum Kiosk? Ich könnte jetzt ein paar patat oorlog gebrauchen." Johan schüttelt seine Haare über meinem Bauch aus. „Hhmm, oorlog? Heißt das nicht Krieg?" – „Ja, und?" – „Kriegerische Fritten oder was?" Johan rubbelt mit einem Handtuch über seinen Kopf.

„Nee, die heißen nur so, weil die Portionen ein bisschen wie ein Schlachtfeld aussehen, Pommes mit Mayonnaise, Erdnusssoße, Currysoße und rohen Zwiebeln." – „Aha", ich schlucke unauffällig, „klingt interessant". – „Ja, und nach dem ersten Golfkrieg hat man auch überlegt, die Kriegsfritten in patat feest, Partyfritten, umzubenennen, aber das hat ungefähr so viel Effekt gehabt wie die Umbennnung von french fries in freedom fries damals in den USA, als Frankreich sich dem Krieg im Irak verweigert hat."

„Okay, ich wusste ja nicht, dass so ein Stück Kartoffel so zum Politikum werden kann." – „Tja, ich finde es auch albern, los, komm schon, ich sterbe sonst vor Hunger. Mathilde für dich patatje appelmoes?" – „Apfelmus?"

„Ja, vollkommen friedlich und besonders beliebt bei Kindern und bei Mathilde, stimmt's?" Johan stößt mit seinem großen Zeh an die Schulter von Mathilde, die sich nicht rührt. „Wo ist eigentlich Willem?"

„Ich glaube, der sucht Muscheln."

Johan und ich laufen zum Kiosk, ich entscheide mich schließlich für den Klassiker Pommes rot-weiß und muss mir von Johan den Vorwurf mangelnder Offenheit gegenüber der kulinarischen Kultur Hollands gefallen lassen. Aber irgendwie ist mir das in dem Moment egal, und ich fühle mich bestätigt, als ich das Schlachtfeld in seiner Hand betrachte.[3]

Als es anfängt zu dämmern, machen wir uns mit dem restlichen Viertel Amsterdam auf den Weg nach Hause. Der Zug gleicht jetzt einer Sardinenbüchse, und es riecht nach Schweiß, Sonnenöl und kulinarischer Kultur. Mathilde, die den halben Tag verschlafen hat, fragt, ob sie etwas verpasst habe, was wir verneinen. Willem zeigt uns seine schönsten Muscheln und freut sich dabei wie ein Kind. Als ich ihn frage, was er damit anfangen will, schaut er mich sehr ernst an. „Ich werde mir eine Kette basteln, und die trage ich als Glücksbringer unter meinem Hemd."

Johan gluckst, Mathilde gluckst, und als auch Willem gluckst, ist alles zu spät. Wir müssen so laut lachen, dass es im Waggon ganz still wird und sich die anderen Strandreisenden mit fragenden Blicken nach uns umgucken.

Als ich abends im Bett liege, dabei aus dem Fenster schaue und meine Haut von der Sonne nachglüht, merke ich plötzlich, dass ich den ganzen Tag nicht ein Mal an Berlin gedacht habe. Ich stelle mir vor, wie Willem und Mathilde in den Zimmern unter mir und Johan im Zimmer über mir schlafen, und wie wir da so übereinandergestapelt an der Prinsengracht liegen, fühlt es sich richtig gut an. Abenteuer kann manchmal ganz einfach sein.

Am Montag nach unserem Strandausflug bin ich im Buchladen nicht die Einzige, die ihre Hautfarbe verändert hat. Maartje sieht aus, als wenn sie drei Wochen in der Karibik verbracht hätte.

„Geen idee, keine Ahnung, woher das kommt, ich werde beim ersten Sonnenstrahl braun. Aber du bist wohl das ganze Wochenende im Haus geblieben? Siehst ganz blass aus. Ach ja, jetzt sehe ich es auch, und ich dachte schon, du hättest ein neues Make-up."

Maatje dreht sich weg und brummelt ein bisschen vor sich hin. Zum Glück kommt in dem Moment Klaas zur Tür herein. Der war ganz offensichtlich auch lange nicht in der Sonne und hat das Wochenende in einer Dunkelkammer verbracht, so bleich, wie er aussieht. Er nickt uns zu und verschwindet im Büro. „Was ist den mit dem los?" – „Fünfzig." – „Wie, fünfzig?" – „Er wird heute fünfzig und glaubt, ab morgen sei sein Leben vorbei." – „Oha, das hab ich nach meinem 30. Geburtstag auch gedacht."

42

„Du, ich denke das nach jedem Geburtstag." – „Aber so alt
sieht er doch gar nicht aus." – „Sag ihm das und du kriegst sofort eine Gehaltserhöhung."

Ich will gerade Klaas' Büro ansteuern, als mich Maartje
noch zurückhalten kann. „Warte mal, heute Abend gibt's einen
borrel, dann kannst du es ihm immer noch sagen." – „Einen
was?" – „Borrel, also dir muss man ja noch einiges beibringen."

Die fröhliche Maartje ist offensichtlich mit dem falschen
Fuß zuerst aufgestanden. So kenne ich sie gar nicht. „Entschuldige bitte meine Anwesenheit und das mit dem Weltkrieg war übrigens auch nicht so gemeint." – „Ist ja schon gut,
also, borrel, da steht man so rum, es gibt Alkohol und Häpp-
chen, und man sagt sich nette Sachen, die man nicht unbedingt so meinen muss."

„Ein Stehempfang?" – „Wenn du dieses hässliche Wort dafür verwenden möchtest, bitteschön. Und es wäre nett, wenn
du mir später helfen könntest, ein paar nootjes und broodjes
auf den Tischen zu verteilen und ein paar Girlanden aufzuhängen." – „Girlanden? Ich dachte, Klaas wird fünfzig?" – „Ja,
genau deshalb."

Ich sag lieber nichts mehr und kümmere mich um zwei
amerikanische backpacker, die mir erklären, sie hätten ihren
Lonely Planet Europe gestern in einem Coffeeshop liegen gelassen und könnten sich heute leider nicht mehr erinnern,
in welchem. Ich gebe mich verständnisvoll und überrede sie
noch zu einem Taschenwörterbuch English-Dutch, das sie garantiert nie brauchen werden, aber ein bisschen Strafe muss
sein.

Gegen sieben fangen Maartje und Jeroen an, Möbel durch
den Laden zu schieben, Stehtische aufzustellen und, ich wollte
es ja nicht glauben, Girlanden quer durch das Geschäft zu ziehen. Klaas habe ich seit dem Morgen nicht mehr gesehen. Ich
stelle mir vor, wie er heimlich durchs Fenster geflüchtet ist,

43

um seiner Geburtstagsfeier zu entgehen. Aber pünktlich um acht steht er plötzlich mitten im Laden, und weil ich sehr dicht neben ihm stehe, kann ich riechen, dass er sich Mut angetrunken hat. Maartje stürzt auf ihn zu, küsst ihn nicht drei, sonders sechs Mal und ruft dabei wiederholt gefeliciteerd, was so viel heißt wie ‚Glückwunsch‘. Später wird sie auch noch Klaas’ Frau und seinen zwei Söhnen gratulieren. Wenn jemand Geburtstag hat, wird nämlich der gesamten Verwandtschaft gratuliert, wahrscheinlich dazu, dass man mit dem Geburtstagskind verwandt sein darf oder so. Es wird also ziemlich viel geküsst an diesem Abend, ich kann mich dem nur entziehen, indem ich mir ein Tablett mit Sektgläsern schnappe und jedem, der hereinkommt, ein Glas anbiete. Gegen neun Uhr ist der Laden voll mit Verwandten, Freunden und Bekannten und Klaas hat auch wieder etwas Farbe bekommen, als alle Gäste gemeinsam ein Lied anstimmen.

„Lang zal hij leven, lang zal hij leven, lang zal hij leven in de gloria, in de gloria, in de gloria! Hieperderpiep, hoera! Hieperderpiep, hoera!" (Bitte nicht fragen, was hieperderpiep heißt, das ist holländische Lautmalerei, die man nicht verstehen muss, spricht sich aber ausnahmsweise so, wie es dasteht, hoera heißt Hurra.)

„So, jetzt weißt du, was ein borrel ist."

Maartje nimmt sich ein Glas Sekt, es ist ihr viertes, und zum Braun ihrer Haut hat sich ein Hauch Rot gemischt. Irgendwann, als die meisten Gäste schon wieder gegangen sind, es ist schließlich Montag, stelle ich mich zu Klaas und stoße mit ihm an.

„Weißt du was, ich finde, du siehst viel jünger aus als fünfzig." Klaas guckt erst mich an, dann guckt er mein Glas an, dann guckt er wieder mich an und verzieht sein Gesicht, als hätte er gerade in eine Zitrone gebissen.

„Dass ihr Deutschen euch aber auch immer so anbiedern müsst." Er küsst mich links rechts links und drückt mir sein

Glas in die Hand. „Welterusten meid, gute Nacht, du lernst das schon noch."

Anmerkungen zum juni

[1] ,Herbst des Mittelalters', im Original *Herfstij der Middeleeuwen*, gilt als Meisterwerk der Geschichtsschreibung. Johan Huizinga (1872–1945) beschreibt darin das Spätmittelalter als Epoche ,reifer Vollendung' statt wie bis dahin geschehen als bloße Vorbereitung der Renaissance. Ein weiteres wichtiges Buch Huizingas ist ,Homo ludens', in dem er versucht zu beweisen, dass alle unsere gesellschaftlichen Handlungen – mit Regeln, mit Gewinnern und Verlieren – auf das menschliche Spiel zurückzuführen sind. Als Rektor der Leidener Universität musste Huizinga 1942 sein Amt niederlegen und wurde interniert, aus gesundheitlichen Gründen wurde er aber entlassen und starb kurz vor Kriegsende.

[2] Das Lied ist von 1996, genau genommen sind es mittlerweile über 16 Millionen Menschen, die das ,kleine Stückchen Erde' bevölkern. Die Niederlande gehören deshalb mit gerade 41 500 Quadratkilometern neben Monaco und Malta zu den drei am dichtesten bevölkerten Ländern der Welt.

[3] Auch wenn die Niederländer sonst nicht viel von ihren südlichen Nachbarn, den Belgiern, halten, auf deren Pommes lassen sie nichts kommen. Die besten flämischen *patat* bzw. *friet* von Amsterdam gibt es an einem unscheinbaren Imbiss im Voetboogsteeg zwischen Spui und Heilige Weg, es gibt dort nur Pommes mit einer Auswahl an ca. 30 Soßen, man kommt einfach nicht daran vorbei.

juli

Es stimmt natürlich, wenn ich hier ein ganzes Jahr verbringen will, sollte ich zumindest den Versuch starten, meine Kenntnisse der niederländischen Sprache, nun ja, auszubauen. So ein paar Brocken habe ich mittlerweile aufgeschnappt, aber für ein ernsthaftes Gespräch reicht es längst nicht. Zum Glück sind die meisten Menschen in Amsterdam ganz gut in Englisch, und manche können sogar Deutsch, auch wenn da oft der Wunsch Vater des Gedankens ist. In dieser Hinsicht sind sich die Deutschen und die Holländer ziemlich ähnlich. Sie glauben, nichts wäre leichter, als die jeweils andere Sprache zu sprechen, und fallen damit früher oder später auf die Nase. Eine immer wieder gern erzählte Anekdote ist die vom Amsterdamer (oder Utrechter, Leidener, Rotterdamer usw.), der auf einen Anruf aus Deutschland mit den Worten ‚Ich belle Sie zurück‘ reagiert, was am anderen Ende der Leitung im besten Fall für Belustigung, im schlechtesten für Entrüstung sorgt. Dabei meint der Holländer schon das Richtige, er will ‚zurückrufen‘, anrufen heißt im Holländischen aber eben bellen, und schon sitzt er in der selbstgewählten Übersetzungsfalle. Damit ich da zukünftig nicht so schnell hineinrutsche, beschließe ich, zwei Wochen lang an einem Intensivkurs Niederländisch teilzunehmen.

Die Sprachschule befindet sich in einem schmalen schiefen Haus an der Singelgracht. Wir sind zwölf Schüler aus sieben Ländern, und die meisten sind Studenten, die ab Herbst an der Universität von Amsterdam oder an der VU, der Freien Universität, studieren wollen. Außer mir ist nur noch Herr Linde aus Wuppertal deutscher Herkunft; er ist allerdings kein

46

Student, sondern Rentner und erzählt mir, ohne dass ich ihn danach gefragt hätte, dass er den Kurs schon zum dritten Mal besuche, weil seine Tochter in Amsterdam lebe, er jedes Jahr im Sommer einige Wochen bei ihr wohne, und damit er ihr nicht den ganzen Tag auf den Geist gehe, ein paar Stunden am Tag an diesem Kurs teilnehme. Als ich ihn daraufhin frage, ob das auf Dauer nicht etwas langweilig sei, er müsse doch mittlerweile ganz gut Holländisch sprechen, antwortet er mit einem erstaunten Ton in der Stimme: „Aber wieso denn? Ich habe doch auch jedes Jahr 48 Wochen Zeit, alles wieder zu vergessen."

Gut, wenn man am ersten Tag schon so motiviert wird. Unsere Lehrerin heißt Nettie und ist eine dünne Dame von ca. sechzig Jahren, die allerdings für ihr Alter über sehr viel Energie verfügt. Ihr graues Haar trägt sie würdevoll in einem kleinen Dutt am Hinterkopf, ihre Kleider dagegen hat sie mindestens von ihrer Tochter, wenn nicht gar von ihrer Enkelin geborgt, was ihr die Anmutung einer in die Jahre gekommenen Pippi Langstrumpf verleiht. Es ist mir schon aufgefallen, dass es in Amsterdam viele Frauen ab einem bestimmten Alter gibt, die einen ganz eigenen, auf den ersten Blick gewöhnungsbedürftigen Kleidungsstil pflegen, getreu dem Motto ‚Ich mag's, ich trag's'. Und wo in Deutschland ab einem bestimmten Alter oft Grau- und Beigetöne die Garderobe dominieren, sind es in Amsterdam eher kräftige Töne. Da werden die wildesten Farben und Stoffe miteinander kombiniert und auch das Haar wird zum Experimentierfeld. Aber ehrlich gesagt, es hat was, es macht neugierig, auch wenn die Damen wahrscheinlich gar nicht mich, sondern die in die Jahre gekommenen Herren auf sich aufmerksam machen wollen. Von denen sind mir in Amsterdam übrigens auch schon einige exotische Exemplare begegnet, die sich im Geiste noch ganz der Hippie-Zeit ihrer Jugend verpflichtet fühlen. Aber wir waren ja bei Nettie, die gerade die erste Stunde eröffnet.

„Goede morgen, dames en heren! Welkom in Amsterdam! Ik ben Nettie en wie ben jij?" Mit einem Bleistift stupst sie mich am Arm, dabei bin ich noch gar nicht richtig wach, betrachte gerade ein am Fenster vorbeiziehendes Touristenboot und sollte doch nun eigentlich antworten. „Ik ben Bettina."

Aber da ist Nettie bereits beim Nächsten, dann beim Übernächsten, und schon sind wir mittendrin. Nettie springt zwischen den Tischen umher und redet dabei wie ein Wasserfall, viel Holländisch und dazwischen ein bisschen Deutsch, Englisch, Spanisch oder Japanisch (meines Erachtens völlig akzentfrei), je nachdem, wem sie gerade etwas beibringen will. Ich bin fasziniert.

Neben mir sitzt Joel, ein Amerikaner, der auf seiner Europa-Expedition eigentlich nur ein paar Tage in Amsterdam ,ausruhen' wollte, aber dann von einer charmanten Englisch-Studentin dazu gebracht wurde, seinen Aufenthalt noch etwa zu verlängern. Joel teilt das Problem vieler englischsprachiger Menschen, dass er bis vor kurzer Zeit glaubte, er könne den Rest seines Lebens ohne einen einzigen fremdsprachigen Satz verbringen. Dementsprechend schwer tut er sich mit der Aussprache und dem Behalten einfachster Vokabeln. Das klingt dann ungefähr so: „Ik am Joel van America."

Aber Nettie hilft sogar ihm, ohne die Geduld zu verlieren. Für mich wäre das definitiv der falsche Job. Nur bei Herrn Linde zuckt Netties linke Augenbraue nervös, denn der Mann aus Wuppertal erinnert sich schließlich doch an das eine oder andere im letzten Jahr erlernte Wort und neigt dazu, es ungefragt in die Klasse zu rufen.

Die nächsten Tage bestehen aus den üblichen Sprachkurs-Lektionen: wie man sich vorstellt, wie man nach dem Weg fragt, wie man einkauft und wie man eine Postkarte schreibt. Nach einer Woche besteht Nettie auf einen Praxistest. Auf einer dreistündigen Exkursion zu einem Supermarkt, zur Post, zum Bahnhof und in einen Coffeeshop (das ist Amsterdamer

Humor) sollen wir nur Niederländisch sprechen. Der Test ist allerdings erst dann bestanden, wenn die angesprochenen Einheimischen a) auf Niederländisch und b) sinnvoll antworten. Dafür teilt uns Nettie in Sprachteams auf. Mit Joel, Kenzo aus Japan und Lucia aus Brasilien bilde ich die Arbeitsgemeinschaft Delfts blauw (Delfter Blau, das sind diese berühmten blau-weißen Tonwaren und Kacheln, die in der billigen Variante in jedem Souvenirladen und in der teuren Variante im Museum stehen). Wir bekommen von Nettie eine Liste mit Produkten, die wir besorgen sollen, und gemeinsam mit der AG Rembrandt und der AG Rijksmuseum stürmen wir den erstbesten Supermarkt, einen Albert Heijn. So wie man bei uns zu Kaiser's oder zu Plus geht, geht man in Holland nämlich entweder zu Albert Heijn oder zu Dirk van den Broek. Und so wie die Aldi-Brüder Karl und Theo Albrecht zu den reichsten Menschen Deutschlands gehören, so gehören Familie Heijn und Familie van den Broek zu den reichsten Menschen der Niederlande. Nach einem kleinen Gerangel um die Einkaufswagen und einem strengen Blick des Sicherheitsmannes, der am Eingang steht, finde ich mich mit der AG Delfts blauw in der Gemüseabteilung wieder. Auf unserem Zettel steht ,tomaten', Kenzo guckt mich fragend an, ich greife mir ein Kilo der roten Früchte. Dann steht da noch ,komkommer', Kenzo guckt mich fragend an, ich zucke mit den Schultern, Lucia auch, aber Joel hat sich schon einen jungen Mann im Kittel geschnappt.

„Komkommer?" Nicht gerade die höflichste Art, nach einem Gemüse zu fragen, aber der junge Mann im Kittel hat offenbar verstanden und hält Joel eine Gurke vor die Nase. Joel strahlt und ruft: „Cucumber, of course!", woraufhin Nettie, die hinter einem Berg Äpfel auftaucht, Joel zur Ordnung ruft. „Nederlands, alstublieft!"

„Komkommer, natuurlijk!", antwortet Joel und strahlt sie noch einmal an. Die nächste Viertelstunde erinnert an eine

Quizshow. Abwechselnd rufen wir das Wort auf der Liste in die Runde, die anderen halten das Gemüse oder Obst hoch, von dem sie glauben, dass es gemeint ist, der junge Mann im Kittel schüttelt den Kopf oder nickt, und am Ende haben wir alles, was wir brauchen, aardappelen (Kartoffeln), wortels (Möhren), courgette (Zucchini), sinasappelen (Orangen), frambozen (Himbeeren) und kersen (Kirschen).

Die AG Rembrandt hält sich derweil im Bereich Fleisch und Käse auf und verursacht einen Stau an der Wursttheke, weil sie darauf besteht, alles, was sie einkauft, zuvor zu verkosten, was sie der Dame hinter der Theke als gelebte Landeskunde verkaufen. Die AG Rijksmuseum ist am schnellsten fertig, weil Bier, Wein und Wasser keine größeren Übersetzungshürden darstellen.

Ein paar Straßen weiter, auf der Post, die hier nicht gelb, sondern orange ist, ist Herr Linde der Cleverste von uns allen, als passionierter Briefmarkensammler kennt er alle Tarife zwischen Timmendorfer Strand und Tahiti auswendig, und nachdem er die auch alle aufgezählt hat, müssen wir auf Geheiß von Nettie die Preise für Postkarten, Briefe und Päckchen im Chor sprechen, als wenn uns gar nichts peinlich wäre. Aber so freundlich, wie der Filialleiter Nettie und uns begrüßt, scheint der das Szenario schon zu kennen und drückt uns allen als Dank für unsere sprachlichen Leistungen (oder dafür, dass wir schnell wieder verschwinden) eine kleine blecherne Münze mit dem Konterfei von Königin Beatrix in die Hand.

Weil eine Gruppe sich in der Regel langsamer bewegt als eine Einzelperson und wir längst über der Zeit sind, müssen wir den Ausflug zum Bahnhof ausfallen lassen und werfen uns stattdessen erschöpft auf die Stühle vom Coffeeshop Free-Adam, unserer letzten Station. Hier ist die Zeit ca. 1975 stehen geblieben, die Wände sind rot, grün und gelb gestrichen, und Jimmy Hendrix lässt grüßen. Kenzo will erst nicht mit hineinkommen, weil er glaubt, dass ihm sofort eine Nadel mit lebensbedrohlichen Substanzen in den Arm gepresst würde, und auch Herr Linde findet, dass er aus dem Kiffer-Alter längst raus sei, aber als Nettie ihnen versichert, dass im Free Adam so wie in allen anderen Coffeeshops dieser Stadt niemand zu irgendetwas gezwungen würde, kommen sie doch mit, und am Ende ist es ziemlich harmlos. Es riecht ein bisschen süßlich, es riecht ein bisschen streng, und der Kellner ist nicht gerade begeistert, als wir drei Cola, vier Tee und sechs Kaffee bestellen, und zwar einzeln, weil wir ja üben sollen, doch schließlich lässt er sich sogar dazu überreden, uns einen kleinen Vortrag über den Mythos Coffeeshop zu halten, selbstverständlich auf Niederländisch. Soweit ich das verstanden habe, ist alles halb so wild, denn das Betreiben dieser Shops ist so streng geregelt, dass der Mythos bei näherer Betrachtung ganz schnell in sich zusammenfällt. In den meisten Shops darf nicht einmal Alkohol ausgeschenkt werden, es darf keine Werbung gemacht werden, es dürfen höchsten 500 Gramm vorrätig sein und höchstens fünf Gramm pro Kunde ausgegeben werden, und in regelmäßigen Abständen steht die Drogenpolizei vor der Tür, die, wenn alles in Ordnung ist, ein Siegel an selbige klebt, staatlich geprüfter Coffeeshop sozusagen.

Jetzt ist sogar Kenzo etwas enttäuscht und fragt sich laut, was er denn in Tokio erzählen soll, wo seine Freunde doch, wie meine Freundin Claudia, davon ausgingen, er würde sich in die größte Drogenhölle der ganzen Welt begeben. Lucia schlägt vor, dass er sich ein paar Einstichlöcher in die Armbeugen tätowiert, sich die Augen rot schminkt und in Tokio nur noch Holländisch redet, dann würden seine Freunde ihn schon respektieren.

Der Kellner rollt mit den Augen, als wir jeder mit einer anderen Betonung „mag ik afrekenen" zu ihm sagen und später alle einzeln zahlen. Draußen wartet schon Nettie. „Los los, jetzt müssen wir alles, was wir eingekauft haben, auch verarbeiten."

Und ich hatte mich schon gefragt, was mit den ganzen Lebensmitteln werden soll. Nun folgt dem Sprachtest also auch noch der Küchentest.

Gekocht wird dann allerdings weniger niederländisch als international-beliebig, es gibt Kartoffeln mit Gemüsesoße, Frikadellen und Obstsalat. In der kleinen Teeküche der Sprachschule ist es so eng, dass ich schließlich mit Kenzo und Joel auf der Treppe vor der Tür, also quasi auf der Straße, in der Abendsonne sitze und den beiden jungen Männern beibringe, wie man Kartoffeln schält. Nettie hat zur Unterhaltung eine CD mit Liedern von André Hazes eingelegt, dem Roy Black der Niederlande mit der Figur einer Weihnachtskugel. Zu Lebzeiten – und seit er 2004 im Alter von nur 53 Jahren gestorben ist noch viel mehr – waren und sind seine levensliederen, seine Lebenslieder, Kult. Lebenslieder? Das klingt doch irgendwie schöner als Schlager, oder? Worum es darin geht? Na, um die wirklich wichtigen Dinge im Leben: Liebe, Herzschmerz, Tränen, Lachen und Amsterdam, die schönste Stadt auf der ganzen Welt. Dafür wurde dieser kleine Mann des Volkes so geliebt, dass nach seinem Tod sage und schreibe 48 000 Menschen die Abschiedszeremonie im Amsterdamer Stadion besucht haben. Mittlerweile hat er sogar ein eigenes Standbild im Stadtteil De Pijp bekommen. Allerdings, an André Hazes scheiden sich die Geister genauso wie an Roy Black, man kann ihn nur lieben oder hassen, dazwischen geht nicht, und selbst unsere kleine Niederländisch-Klasse ist gespalten.

Während Kenzo, Joel und ich Kartoffeln Kartoffeln sein lassen und fröhlich bei ‚Een beetje verliefd‘ (Ein bisschen verliebt) mitschunkeln, ist Lucia nur genervt und zaubert irgendwoher eine Nirvana-CD hervor. Die wird allerdings von Nettie mit den Worten „Singen die vielleicht Niederländisch?" kurzerhand wieder einkassiert. Tja, Landeskunde kann manchmal richtig hart sein.

Als wir alle um den Tisch sitzen, wird Nettie noch mal zur Lehrerin. Sie stellt jedem von uns eine Frage zu unserer Expedition in den Alltag, fragt, wo wir gewesen sind, was wir gemacht haben, und lässt nicht eher locker, bis alle wenigstens einen grammatikalisch korrekten Satz formuliert haben. Jedoch hat sie unser Können überschätzt. Als alle einmal dran waren, ist das Essen nicht mehr heiß, aber immerhin sehr gut, was vor allem daran liegt, dass Lucia das schlichte Mahl mit ein paar brasilianischen Gewürzen auf Vordermann gebracht hat, so sehr, dass Joel, Kenzo und Herr Linde bald losgehen müssen, Nachschub an Getränken holen.

„Maar zonder engels of duits te praten! Es wird kein Englisch und kein Deutsch gesprochen, hört ihr?", ruft Nettie ihnen nach. Als ich später mit ihr zusammen den Abwasch übernehme, erzählt sie mir, dass sie früher einmal in einen deutschen Diplomaten verliebt gewesen sei, ein großer stattlicher Mann, een echte Duitser, ein echter Deutscher, der immer pünktlich und sehr ernsthaft war – aha, da ist es wieder, das Klischee –, und fast hätten sie geheiratet, nur leider wurde er nach Indien versetzt und da wollte sie partout nicht hin. Jahre später hätten sie sich noch einmal in Hamburg getroffen, aber da hatte er schon Familie, und sie wussten nicht mehr, was sie reden sollten. Einen Teller polierend summt Nettie den Hazes-Hit ‚Een beetje verliefd‘.

Den Rest des Abends kann sich Nettie mit ihrem Aufruf, nur Niederländisch zu sprechen, nicht mehr durchsetzen. Herr Linde erzählt in gut gemeintem Englisch Schwänke aus seiner Jugend, Joel redet über seine Heimat Vermont, Kenzo erklärt Nettie und mir das U-Bahn-System von Tokio, und irgendwann wird es ganz still. Im Raum breitet sich ein Hauch von Heimweh nach der großen weiten Welt aus, und André Hazes singt uns mit weinerlicher Stimme ein letztes Lied dazu: ‚Ik heb U lief mijn Nederland‘ (Ich hab’ Sie lieb, meine Niederlande).

Am nächsten Tag ist niemand pünktlich zum Unterricht erschienen, und selbst Netties Enthusiasmus scheint von einer gewissen Müdigkeit angegriffen. Sie reicht jedem von uns eine Zeitung und bittet uns, die wichtigsten Schlagzeilen zusammenzufassen, in welcher Sprache auch immer, Hauptsache, wir würden etwas verstehen. Für eine Weile verschwinden wir alle hinter unseren Blättern, auf der Suche nach Wörtern, die wir schon kennen.

Die niederländischen Tageszeitungen kommen übrigens in zwei Runden, es gibt Morgenzeitungen, dazu gehören De Volkskrant (die im Ausland am meisten zitierte) und De Telegraaf (die in den Niederlanden am meisten gelesene), und es gibt Abendzeitungen, hier sind die wichtigsten NRC Handelsblad (die klügste) und Het Parool (die sympathischste), Letztere ist eine Art Lokalzeitung für Amsterdam im Tabloid-Format, eine gute Größe, wenn man nach der Arbeit in einem vollgepackten Vorortzug nach Hause fahren muss. Für mich als Zeitungsjunkie ist Amsterdam somit eine Art irdisches Paradies, ich kann, wenn ich die Morgenzeitung ausgelesen habe, direkt mit der Abendzeitung weitermachen, vorausgesetzt, ich habe nichts Besseres zu tun und verstehe, was ich da lese. Beides ist (noch) nicht der Fall, aber träumen kann man ja schon mal.

Die zwei Wochen mit Nettie und den anderen vergehen wie im Flug. Meine Sprachkenntnisse sind immerhin dahingehend vervollkommnet, dass ich mehr verstehe als vorher und mutig genug bin, einfach mal drauflosZuplappern. Ob mich jemand versteht, würde ich schnell genug merken, hatte Nettie zum Abschied gesagt. Mit Joel, Lucia und Kenzo tausche ich E-Mail-Adressen aus, und dann stürzen wir uns wieder jeder allein in das Leben zwischen Centraal Station und Vondelpark.

Als ich am Montagmorgen nach meinem Sprachkurs wieder im Buchladen stehe und noch nicht viel los ist, will Maartje wissen, was ich gelernt habe, und hält mir lauter niederländische Bücher unter die Nase mit der Aufforderung, die Titel zu übersetzen.

„Ontdekking van de hemel?" – „Die Entdeckung des Himmels, Harry Mulisch."

„Rituelen?" – „Rituale, Cees Nooteboom."

„Een kleine geschiedenis van Amsterdam?" – „Eine kleine Geschichte von Amsterdam, Geert Mak."

„Het dagboek van Anne Frank?"

Hoffentlich kommen bald Kunden, damit Maartje etwas zu tun bekommt. Auch Jeroen glaubt, ich hätte in vierzehn Tagen seine Sprache perfekt gelernt, und erzählt drauflos, allerdings so schnell, dass ich zwar mitbekomme, dass er am Wochenende etwas mit seiner Familie unternommen hat, aber nicht begreife, wo und was. Als Jeroen merkt, dass ich ihm etwas verkrampft zuhöre und mein Kopfnicken ein mechanisches und kein zustimmendes ist, lacht er und fängt noch mal von vorn an, nun im Tonfall und Tempo eines Logopäden, aber immerhin kann ich ihm jetzt einigermaßen folgen und begreife, dass er mit Frau und Kindern einen Ausflug naar de Efteling, zum Efteling Park, gemacht haben, dem größten Vergnügungspark der Niederlande, mit Märchenpark, Achterbahn, 3-D-Kino usw., ein Ort, an dem kein Niederländer mit Kindern unter 14 Jahren vorbeikommt, den ich aber höchstwahrscheinlich nicht freiwillig aufsuchen werde.

Ein paar Tage später holt mich Mathilde von der Arbeit ab. Wir fahren zusammen zum Bahnhof und von dort nach Haarlem. Dieses Haarlem (wie gesagt handelt es sich um die Hauptstadt von Noord-Holland) zwischen Amsterdam und der Nordsee war, um das noch einmal offiziell festzuhalten, eher da als das andere Harlem, das zwischen Manhattan Island und der Bronx in New York. Ein gewisser Peter Stuyvesant aus Friesland, seines Zeichens Generaldirektor von Nieuw-Nederland, regierte im 17. Jahrhundert an der idyllischen Ostküste der USA einige Orte mit niederländischen Namen, Beverwyck zum Beispiel oder Nieuw Amsterdam oder eben Nieuw Haarlem, nachdem Seefahrer der West-Indische Compagnie die Küste im Osten Amerikas erobert hatten. Später, als die Engländer das Kommando übernahmen, kam Letzterem erst das ‚Neu‘ und dann auch noch ein ‚A‘ abhanden. Nieuw Amsterdam verlor gleich den ganzen Namen, weil die Engländer die Stadt lieber nach ihrem York benennen wollten, und auch Beverwijk gibt es zwar noch in den Niederlanden, in den USA aber ist daraus Albany geworden.[1]

Jedenfalls ist Haarlem, unweit von Amsterdam, dementsprechend auch Jahrhunderte älter, bekam schon 1245 das Stadtrecht und – was wollte ich eigentlich sagen? Ach ja, in Haarlem gibt es eine Galerie, und dort will Mathilde mit mir hin, weil eine Freundin von ihr ‚Objekte‘ ausstellt. Ich hab zwar keine Ahnung von Objekten, aber bin für jegliche künstlerische Ausdrucksform offen, und so ein Abend mit Mathilde verspricht gediegenes Amüsement.

Bereits der Bahnhof von Haarlem ist eine Sehenswürdigkeit, es ist nämlich der einzige Jugendstil-Bahnhof der Niederlande. Aber weil wir schon spät dran sind, bleibt nicht viel Zeit zur Besichtigung, und wir laufen schnell Richtung Innenstadt, wo am Grote Markt die Grote Kerk lauter pittoreske Häuser und Straßen um sich schart. Die sind so hübsch und aufgeräumt, dass man sich vorkommt wie in einer Filmkulisse des Goldenen Zeitalters. Aus der Perspektive eines Haarlemers muss Amsterdam zwangsläufig zur übel riechenden Großstadt, zum Moloch und zum Sündenpfuhl werden. Mathilde scheint das Gleiche zu denken. „Meine Güte, ich würde es hier keine Woche aushalten. Da traut man sich ja nicht mal laut zu niesen.“

Ganz so schlimm ist es aber doch nicht, denn in der Galerie, die wir einige Minuten später erreichen, ist die Musik so laut, dass man sein eigenes Wort nicht versteht, und die Luft ist so dick vom Zigarettenqualm, dass ich erst annehme, bei den ausgestellten Bildern handele es sich um impressionistische Studien. Bei näherem Hinsehen entpuppen die sich aber als Fotografien niederländischer Landschaften, wobei der Unterschied kaum erkennbar ist, denn die Landschaften sind vor allem eins, leer. Zum Glück weist mich Mathilde auf die bereits erwähnten Objekte in der Mitte des Raumes hin, Stahlkonstruktionen mit Elementen aus Moos und Holz, die der Betrachter doch bitte im Zusammenhang mit den leeren Landschaften zu denken habe. So steht es zumindest in dem Faltblatt, das mir eine junge Dame am Eingang in die Hand gedrückt hat. Okay, dann denke ich mal im Zusammenhang und hoffe, dass mir das Glas Rotwein, das mir ein älterer Herr hinhält, dabei hilft.

„En, bevalt het in Nederland?", ruft es in mein linkes Ohr. Ob es mir in Holland gefällt? Und gleich will er sicher wissen, wie ich die Kunst finde. Ich tue so, als hätte ich nichts gehört, die laute Musik, wie gesagt, und drehe mich weg.

„Und ist das Knie wieder heil?", ruft es in mein rechtes Ohr. Da werde ich doch stutzig und will wissen, wer sich für mein Knie interessiert, und tatsächlich, es ist Jan Sommers, der mich bei meinem ersten Versuch, Amsterdam zu erkunden, aus der Straßenbahnschiene gehoben hat.

„Na, das ist ja eine Überraschung! Was machst du denn hier?" – „Hab ich dir nicht erzählt, dass ich Kunst sammle? Also." – „Gibt es denn hier was zu sammeln?" Jan Sommers schaut sich um, ob uns jemand zuhört, lächelt dann und schüttelt den Kopf. „Nein, aber weißt du, man muss der Jugend eine Chance geben, und vielleicht wird es ja noch was, irgendwann."

Apropos Jugend, wo ist eigentlich Mathilde? Ich muss sie im Gedränge verloren haben. „Wann besuchst du mich endlich, dann zeige ich dir Kunst, die den Namen auch verdient."

57

Jetzt habe ich doch etwas Mitleid mit Mathildes Freundin und hoffe für sie, dass andere Menschen ihr Werk nicht ganz so kritisch sehen. Ich verspreche Jan Sommers, ihn bald zu besuchen, und dann verschwindet auch er wieder im Vernissagen-Getümmel. Auf dem Weg zu einem zweiten Glas Wein treffe ich Mathilde wieder, die neben einer ca. ein Meter neunzig großen Frau mit kurzem rotem Haar und einem ebenso kurzen roten Kleid steht.

„Bettina, darf ich dir Jolanda vorstellen? Jolanda van Diepen, die Künstlerin. Ist es nicht toll, was sie hier geschaffen hat?" – „Ja, ganz toll, du, wo gibt es denn den Wein?" – „Da vorn, bringst du mir ein Glas mit?"

Ich schiebe mich vorbei an einer nahezu repräsentativen Gruppe kunstinteressierter Niederländer, die aus jungen Männern und Frauen in Schwarz sowie reifen Männern und Frauen in bunten Hemden und Kleidern besteht. Die nächsten zwei Stunden verbringe ich in der Nähe des Ausschanks. Das Denken von Kunst in Zusammenhängen fällt mir mit jedem Glas Rotwein leichter, und kurz vor Mitternacht kann ich der Leere auf den großformatigen Fotografien durchaus etwas abgewinnen, nun ja, als Metapher quasi, für das Leben im Allgemeinen und meinen Kopf im Besonderen, in dem einzig noch Müdigkeit Platz findet.

„Wann gehen wir denn?", frage ich Mathilde, die immer noch mit Jolanda plaudert, als wäre es zwölf Uhr mittags. Die meisten Leute sind schon gegangen, und als ich nach draußen gehe, um frische Luft zu schnappen, stolpere ich fast über Jan Sommers, der auf der Türschwelle sitzt und in die Dunkelheit blinzelt.

„Du bist ja noch da? Ich dachte, du hättest längst genug von der jungen Kunst." – „Nou ja.[2] Ich gehe nie vor zwei ins Bett, da kann ich hier auch noch ein bisschen rumsitzen." Hinter uns verabschiedet sich Mathilde endlich von Jolanda, und wir müssen rennen, um den letzten Zug zurück nach

Amsterdam noch zu erwischen. Als wir etwas außer Atem in die Sitze fallen, fragt mich Mathilde: „Woher kennst du eigentlich Jolandas Vater?"

Am Wochenende darauf überredet mich Willem, mit ihm in den Vondelpark zu pilgern. Der ist an Sonntagnachmittagen von Juni bis August fest in der Hand der Amsterdamer Musikliebhaber. Ich habe schon gemerkt, dass es in der Stadt eng ist, aber dort sieht man fast das Grün des Rasens nicht mehr, so voll ist der Park mit sitzenden, liegenden, stehenden, schlafenden, lesenden, spielenden, redenden, sich umarmenden und sonstigen Menschen. Aber egal, was sie tun, ihr Blick wendet sich immer mal wieder in Richtung Openlucht-Theater, dem heimlichen Herzen des Vondelparks. Es handelt sich dabei um eine große Bühne mit ein paar Tribünen davor, die man wahrscheinlich schon um sechs Uhr morgens besetzen muss, will man noch eine gute Sicht auf die Bühne erhaschen. Wer später aufsteht, findet noch einen Stehplatz irgendwo oder sucht sich im Park ein Plätzchen. Sehen muss man auch eigentlich nichts, hören ist wichtiger. Jeden Sommer spielen hier die Helden der niederländischen Musikszene, klassisch oder modern, bei Regen oder bei Sonne und immer gratis.

Als ich Willem frage, ob Herman van Veen da auch mal auftritt, sieht er mich ganz komisch an und fragt, ob ich mich mal mit seiner Oma unterhalten will, die hätte alle Platten von Herman. An diesem Wochenende spielt die Band De Dijk (Der Deich, was für ein origineller Name für eine niederländische Band), und Willem ist ganz aufgeregt, weil er seit mehreren Jahrzehnten Fan dieser Gruppe ist und sich wundert, dass ich noch nie etwas von ihr gehört habe und man in Berlin auch keine CDs von den Jungs bekommt.

„Aber wir kennen hier doch auch Nena und Falco. Mann, Falco, den fand ich früher mal großartig, was macht der eigentlich jetzt so?" Bevor ich ihm erklären kann, in welchem

Jahrhundert diese beiden Menschen ihre Erfolge feierten, dass Erstere sich jetzt mehr oder weniger erfolgreich der alternativen Kindererziehung widmet und Letzterer schon geraume Zeit in Frieden ruht, brandet Applaus und Gejohle auf, was darauf schließen lässt, dass besagte Jungs die Bühne betreten haben. Willem singt sofort mit, dass er ein großes Herz habe – ‚Ik heb een groot hart' –, und stampft dazu rhythmisch mit den Füßen auf das bereits arg mitgenommene Restchen Grün, auf dem wir stehen, und die meisten Menschen um uns herum tun es ihm gleich. De Dijk scheinen tatsächlich sehr populär zu sein. Klingt ein bisschen wie eine Mischung aus Herbert Grönemeyer und Neil Young, die Gitarrensaiten glühen, das Schlagzeug brennt, ein paar Bläser blasen heftig. Gut, ich gebe zu, da kitzelt es auch in meinem großen Zeh. Aber statt nun die Contenance zu verlieren, hole ich erst mal einen Kaffee für mich und ein Bier für Wim, so darf ich Willem nämlich neuerdings nennen. Ein paar Tage zuvor hatte mir Mathilde erklärt, dass das ein großer Vertrauensbeweis sei, sie dürfe das jedenfalls nicht mehr. Als ich vollkommen unschuldig „Nicht mehr?" frage, bekomme ich darauf aber keine Antwort. Im Vondelpark hat Wim zwei Stunden später kein Hemd mehr an, weil ihm vom Tanzen ganz warm geworden ist, außerdem ist er heiser, aber er strahlt.

„Nou nou nou, das ist meine Musik, wirklich wahr."

Ich warte auf die Einladung, seine Sammlung De-Dijk-Schallplatten zu besichtigen, und da kommt sie auch schon. „Ich kann dir da auch was aufnehmen, da hast du was Gutes, wenn du zurückkommst ins Schlagerland."

Mein Gott, der Herr könnte ruhig auch mal über seinen Tellerrand schauen. Das sage ich natürlich nicht, denke es aber, und zwar im Zusammenhang mit den Impressionen der untergehenden Sonne im Vondelpark.

Damit sich niemand in meiner WG benachteiligt fühlt, muss ich nach meinem Haarlem-Ausflug mit Mathilde und meinem Konzert-Besuch mit Wim auch etwas mit Johan unternehmen. Und weil der so vielbeschäftigt ist und mich von sich aus wohl nie fragen würde, schlage ich ihm vor, dass wir nach Amsterdam-Noord radeln. Davon habe ich nämlich bisher immer nur gehört. Dieser Stadtteil befindet sich hinter dem IJ, der Bucht, an der der Amsterdamer Hafen liegt, der den Besucher begrüßt, wenn er mit dem Zug am Hauptbahnhof ankommt. Johan ist erst nicht begeistert.

„Was willst du denn da, ein bisschen durchs Industriegelände kurven?" Aber als ich ihm sage, dass ich hochmotiviert bin und gern auch ein paar Kilometer weiter rausfahren würde, ist er einverstanden, denn weiter draußen, da wird Amsterdam ganz dörflich, und so eine frische Brise tut auch einem Geschichtsstudenten im Endstadium gut.

Über das IJ kommen wir mit der Fähre, das dauert gerade fünf Minuten. Am anderen Ufer radeln wir bis Nieuwendam und halten uns dann rechts Richtung Schellingwoude. Und wenn ich nicht behauptet hätte, ich wäre hochmotiviert, könnten wir da eigentlich schon bleiben, Schellingwoude ist ein adrettes Dorf, kein Haus hat mehr als zwei Stockwerke, es gibt einen kleinen Segelboothafen und eine weiß getünchte Kirche, die über allem wacht. Ich gähne laut und Johan stellt mir die richtige Frage. „Koffie?"

„Kaum zu glauben, dass das noch Amsterdam sein soll." – „Na ja, es ist wie überall, über Jahrhunderte hinweg waren die Dörfer hier am IJ unabhängige Gemeinden, aber irgendwann kommt der bürokratische Krake und greift sich, was er kriegen kann."

„Und jetzt radelt der Amsterdamer hier am Sonntag durch die Gegend." – „Genau, hier kann er den Blick schweifen lassen über den Deich und übers Wasser. Er erinnert sich an seine Vorfahren, verdrückt eine Träne und ist dann wieder froh, wenn er in seine laute und enge Stadt zurückkommt."

Bevor wir jedoch zurückkehren, müssen wir noch ein paar

Kilometer hinter uns bringen. Es geht über den Deich, da
oben fühlt man sich schon ziemlich erhaben und, wenn der
Wind von hinten kommt, auch ziemlich leicht. Rechts und
links von uns liegen von kleinen Kanälen durchzogene Wei-
den, auf denen Kühe grasen. Hin und wieder kommen wir
an einem Haus vorbei, das sich dicht gegen den Deich duckt,
um die stürmischen Wintermonate unversehrt zu überstehen.
Johan legt auf seinem Rad ein Tempo vor, als wenn er die
ganze Halbinsel von Noord-Holland umrunden wollte, aber
wahrscheinlich ist das bloß die überschüssige Energie, die
sich an seinem Schreibtisch angesammelt hat. Mir zuliebe
machen wir ein Pause und setzen uns ins Gras.

„Sag mal, Johan, hab ich das richtig gesehen, da war gerade
ein Deich und wir radelten daneben weiter unten als das Wasser, das auf der anderen Seite stand? Ich dachte, Wasser ist immer unten." – „Ja, that's magic! Alles dem Meer abgerungen,
die Polder sind unser ganzer Stolz."[3]

„Apropos Polder, in Deutschland habe ich öfter was über
das Poldermodell gelesen, aber so richtig verstanden habe ich
das Prinzip noch nicht." Johan stöhnt. „Und ich soll dir das
jetzt erklären oder was? Ist es für Politik nicht ein bisschen zu
schön hier?"

„Aber du willst doch nicht, dass ich dumm sterbe, oder?"
Johan gähnt. „Das Poldermodell hat wenig mit Wasser zu
tun." – „Aber mit eurer Gesellschaftsordnung, ich weiß. Und
was heißt das denn nun genau?"

„Ja hoor,[4] du gibst doch sowieso keine Ruhe. In den Acht-
zigerjahren steckte Holland in einer dicken Krise, Arbeits-
losigkeit, Wirtschaftsprobleme, das übliche. Tja, und weil wir
Holländer es ja gern kuschelig haben und uns nicht gern streiten, haben sich Arbeitgeber und Gewerkschaften an einen
Tisch gesetzt, und die einen haben versprochen, sie schaffen
mehr Arbeitsplätze, und die anderen haben versprochen, sie

machen es für weniger Geld, die Politiker fanden es klasse, und siehe da, alle hatten sich lieb und nannten es Poldermodell."

„Und das hat funktioniert?" – „Nou ja, am Anfang schon. Aber wenn die Weltwirtschaft schwach ist, können wir hier so viel Konsens haben, wie wir wollen. Ich glaube, das Problem ist, dass das Holland, was wir vor unserer Haustür haben, nicht mehr das ist, was in unseren Köpfen ist. Da ist alles noch in Ordnung, und wir laufen Käse essend auf klompen durchs Dorf. Aber schau dich doch mal um, Amsterdam ist vielleicht keine Weltstadt, aber die Leute sind aus der ganzen Welt. Von denen trägt keiner mehr klompen. Die tragen Turnschuhe und Kopftücher."

„Die berühmte Kopftuch-Debatte. Ich glaube, die gibt es mittlerweile in jedem westlichen Land." – „Nur dass bei uns noch die Islamschulen-Debatte, die Kriminalitäts-Debatte und die Toleranz-Debatte dazukommt. Wir diskutieren eben gern, weißt du, und zwar so lange, bis sich alle, aber auch alle einig sind, und das kann dauern." – „Konsens eben." – „Konsens eben. Aber genug davon, lass uns weiterfahren, Holysloot schaffen wir noch." – „Aber Johan, sollten wir darüber nicht noch mal ausführlich sprechen?" Johan lacht. „Ich sehe, du hast das Prinzip der niederländischen samenleving verstanden."[5]

Wir radeln weiter den Deich entlang, und hin und wieder ruft Johan mir etwas zu und weist dabei mit dem Finger auf eine Windmühle oder ein paar Schafe. Ich nicke nur und genieße den Wind und die Sonne auf der Haut, während meine Wadenmuskeln mich freundlich grüßen. Wenn Claudia wüsste, dass ich gerade ein Wellness-Programm à la Hollandaise absolviere, statt mich in Drogenhöllen herumzutreiben, es würde wahrscheinlich ihr Weltbild erschüttern.

Schließlich kommen wir in Holysloot an. Johan strahlt. „Das war wirklich eine gute Idee, herzukommen. Und weißt du was, jetzt schlagen wir uns den Magen ordentlich mit appeltaart voll!" – „Und wie kommen wir dann zurück? Gibt es hier Taxis?" – „Nee hoor, aber wir könnten schwimmen. Bis zum Hafen, das sind höchstens zwanzig Kilometer." – „Du, ich hab gar keine Schwimmsachen dabei." – „Nou, dann wird es natürlich schwierig, Mevrouw Polder."

Wir setzen uns auf die Terrasse vom Restaurant Het Schoolhuis, das, wie der Name vermuten lässt, in einem alten Schulgebäude untergebracht ist. Die Kellnerin bringt uns riesige Stücken Apfelkuchen mit slagroom (Schlagsahne) und dazu chocolademelk (Kakao).

Johan fordert mich auf, meine Hosenbeine hochzukrempeln, und vergleicht den Durchmesser meiner Waden mit dem von seinen. „Also wenn wir jede Woche herkommen, könntest du in einem Jahr fit sein."

Nur ein Kuchenstück in meinem Mund hält mich von einer passenden Antwort ab, und dieser Ort ist auch viel zu paradiesisch, um sich provozieren zu lassen. Holysloot, da kommt man doch gleich auf den Gedanken, es könne sich um einen heiligen Ort handeln. Aber nein, es ist viel prosaischer: Der Ort ist benannt nach seiner niedrigen Lage und dem umliegenden Morast. Dass hier überhaupt Häuser stehen, liegt wohl an der unschlagbaren Fähigkeit der Holländer, sich auch noch die unwirtlichste Gegend zu erobern, so als wenn sie zu Mutter Erde sagen wollten: „Kijk, das hast du nicht geglaubt, dass wir sogar hier noch eine Kirche hinbauen können, obwohl der Boden nass ist wie ein Schwamm, die Winde aus allen Richtungen kommen und wir regelmäßig vom Fahrrad geweht werden."

Immerhin, ein paar Wochen im Jahr scheint auch hier die Sonne, das haben wir ja gerade überprüft.

Anmerkungen zum juli

1 Der niederländische Seefahrer Peter Minuit kaufte 1626 an der Ostküste Amerikas den Eingeboren die Insel ‚Manna-hatta‘ für sechzig
Gulden ab und gründete die Siedlung *Nieuw Amsterdam*, die als
Vorläufer des heutigen New York gilt. Das heutige *Harlem* ist aus
der Siedlung *Haarlem* auf der Insel hervorgegangen, dort hatten
sich schon Anfang des 17. Jahrhunderts dreißig niederländische Familien niedergelassen. Im Dritten Englisch-Niederländischen See-
krieg 1673 mussten sich die Niederländer der Royal Navy endgültig
ergeben.

2 *Nou* (sprich nau) ist das von den Niederländern am häufigsten ver-
wendete Füllwort. Am Anfang eines Satzes bedeutet es so viel wie
well im Englischen oder *jo mei* im Bairischen. Die Steigerungsform
lautet *Nou nou nou*, als Ausdruck von Verwunderung oder Zufrie-
denheit. *Nou* kann aber auch im Satz vorkommen, zum Beispiel in
Wat doe je nou? was so viel heißt wie „Was machst du da?“.

3 Vierzig Prozent der Fläche der Niederlande liegt unterhalb des Mee-
resspiegels, daher auch der Name Nieder-lande, *Nederland* oder auch
Lage Landen, laag bedeutet niedrig. Passend dazu gibt es eine Rede-
wendung, die lautet: ‚Gott schuf die Erde, aber die Niederländer
schufen die Niederlande.‘

4 Noch so ein Füllwort: *hoor* ist Umgangssprache, man kann das
schlecht übersetzen, hört es aber ständig, man will damit seiner
Aussage Nachdruck verleihen: *Ja hoor! Nee hoor! Ik weet het niet,
hoor!*

5 *Samenleving* ist ein wichtiger niederländischer Begriff, den man nur
schwer übersetzten kann, da sowohl Gesellschaft (auf Niederländisch *maatschappij*) als auch Gemeinschaft (*gemeenschap*) es nicht
ganz treffen, letztlich ist es wohl eine Mischform von beidem, weniger institutionell als die Gesellschaft, aber formeller als die Gemeinschaft. Das Selbstverständnis der Niederländer liegt jedoch in ho-
hem Maße gerade in der *samenleving* begründet.

augustus

SEIT DREI MONATEN bin ich nun in Amsterdam, und langsam gewöhne ich mich daran, mit Anfang dreißig Jahrzehnte davon entfernt zu sein, dass jemand mir gegenüber einmal ein höfliches U benutzt und mich somit siezt. Vielleicht sollte ich eine Bank oder ein Beerdigungsinstitut besuchen, es kann ja sein, dass man mir dort etwas mehr Respekt entgegenbringt.

Es gehört aber wahrscheinlich zu dem Spiel dazu, das ‚Ich bin dann mal für ein Jahr weg‘ heißt. Plötzlich fallen mir Dinge auf, die ich zuvor nie bemerkt habe, zum Beispiel, dass ich es persönlich gar nicht so verkehrt finde, in gewissen Situationen gesiezt zu werden. Es schafft eine Distanz, die ich bei bestimmten Menschen gar nicht überwinden möchte, ich denke da an unangenehme Chefs, Vermieter und ähnliche Monster. Hier in Amsterdam ist das jij, das Du, allgegenwärtig. Ich bin, soweit ich mich erinnere, seit meiner Ankunft im Mai nicht ein Mal gesiezt worden, höchstens im Scherz von Johan, der mich mit einem charmanten „Frau Bettina, Sie sind übrigens mit dem Abwasch dran" an meine Haushaltspflichten erinnern wollte. Als ich Mathilde danach frage, wen sie siezt, muss sie länger nachdenken und erzählt mir dann, dass sie als kleines Kind ihre Großmutter gesiezt habe. Und dass Prinz Willem Alexander vermutlich seine Mutter, Königin Beatrix, siezt, und Politiker würden im Fernsehen auch gesiezt.

„Weißt du, wir hier in Holland haben lange geglaubt, wir wären alle eine große fröhliche Familie, und in einer großen fröhlichen Familie sagt man doch nicht Sie zueinander, oder?" – „Und warum hast du dann deine Oma gesiezt?" – „Weil sie viel älter war als ich und das eine Form des Respekts war. Mein Vater hat sie schließlich auch immer gesiezt." – „Seine eigene Mutter?"

Mathilde nickt. „Hast du einen Moment Zeit?" – „Ja, wieso?" Mathilde setzt Teewasser auf. „Ich müsste da etwas ausholen." – „Okay, hol' aus."

„Du musst dir das so vorstellen: Bis in die Fünfzigerjahre des 20. Jahrhunderts waren die Niederlande fest in der Hand der Kirchen, sowohl der katholischen als auch der protestantischen. Da war es schon ein Akt, wenn ein Katholik eine Protestantin heiraten wollte, denn man blieb unter sich, eigene Schulen, eigene Vereine usw. Dafür gibt es den schönen Begriff der verzuiling, der Versäulung. Neben der katholischen und der protestantischen Säule gab es auch noch eine sozialistische und eine liberale, ich sage dir, da musste man höllisch aufpassen, mit wem man sich einließ, wenn man nicht seine Familie vor den Kopf stoßen wollte. Aber wenn du da Wert auf Details legst, musst du Johan fragen, der kennt sich aus."

Mathilde gießt uns Tee ein. „Was war gleich deine Frage?" – „Warum du deine Oma gesiezt hast." Mathilde lacht. „Ach so, genau. Also, bis in die Fünfzigerjahre war alles festgezurrt, alles steif, und Siezen war Usus. Auch in den Familien, damit waren die Rollen klar verteilt. Denn wenn du mich siezen musst, stehe ich über dir, und du weißt, wie du dich zu verhalten hast: respektvoll, unterwürfig, wie auch immer."

„Aber das ist doch erst sechzig Jahre her, mich siezt heute keiner mehr, wie kann das denn sein?" – „Na ja, ab den Sechzigerjahren ging plötzlich alles ganz schnell. Die Provo-Bewegung der Studenten, Provo wie Provokation, weißt du, dann die sexuelle Revolution, die Hippies, der Einfluss der Amerikaner. Plötzlich blieben die Kirchen leer, die Leute wollten leben, die sind ausgebrochen aus ihren Säulen. Und dieses ewige Duzen war wohl so eine kleine private Revanche gegenüber allen überkommenen Hierarchien." – „Aha."

67

„Ich hab nicht mal meine Lehrer in der Schule gesiezt." –
„Ach was? Und dann bist du zu deinem Mathelehrer gegangen und hast gesagt: ,Du, Maarten, ich find das echt nicht
in Ordnung, dass du mich durch die Prüfung hast fallen lassen'?" – „Precies, und dann hat Maarten gesagt: ,Du, Mathilde,
wenn du das nächste Mal besser lernst, passiert das auch nicht
wieder.'"

„Und vermisst du das nicht, mal jemanden so richtig schön
zu siezen?" – „Nee hoor, warum denn? Ich kenne es ja nicht
anders. Und wenn du einmal jemanden duzt, fängst du auch
nicht plötzlich an, ihn zu siezen." – „Hhmm. Allerdings, das
würde auch etwas seltsam klingen: ,Entschuldigung, aber
ich würde dir gern das Sie anbieten.'" – „Oder: ,Für dich ab
jetzt nur noch Sie.'" – „Noch besser: ,Kannst ruhig Sie zu mir
sagen.'"

Gerade sind Mathilde und ich dabei, uns in unser Rollen-
spiel hineinzusteigern, als Willem in der Tür steht, uns kurz
zuhört, dann den Kopf schüttelt und in sein Zimmer verschwindet. Als wir fertig sind mit Lachen, fragt mich Mathilde: „Nou, Mevrouw Baltschev, wollen Sie nächste Woche mit
zum Grachtenfestival kommen?"

An einer der großen Grachten von Amsterdam zu wohnen
stellt die Geduld der Bewohner im August auf eine besondere
Probe und gibt dem Begriff des Musikliebhabers eine ganz
neue Konnotation. Im August ist nämlich Grachtenfestival,
zehn Tage lang ist die ganze Stadt ein einziger Konzertsaal.
Schwimmende Bühnen mit Orchestern drauf sind da nur ein
Highlight, und entsprechend zahlreich ist das Publikum drum
herum.

Wenn man also nicht fluchend in seinem Bett liegen will,
weil man vor lauter musikalischer Untermalung nicht schlafen kann, und wenn das stille Holysloot nicht zum Ort der
Sehnsucht werden soll, ist Angriff die beste Verteidigung, also:

hingehen, sich für selten gespielte Opern interessieren, Big
Bands über sich ergehen lassen, nie gehörten Liederzyklen
lauschen und Free Jazz ertragen. Auf dem Grachtenfestival
hat man gemeinsam mit Tausenden von Besuchern die ein-
malige Chance, seine musikalischen Kenntnisse enorm zu
erweitern.

Genau deshalb verbringe ich mit Mathilde und einer Flasche Rotwein einen Abend statt in unserem Haus auf einer
Brücke der Prinsengracht. Vor uns auf dem Wasser schaukelt
ein Motorboot, darauf präsentieren sich uns vier junge Männer im Frack, die ein Streichquartett von wem auch immer
spielen. Dabei ist allerdings weniger die Musik beeindruckend
als die artistische Leistung, mit der die Musiker gleichzeitig
spielen und die Balance halten. Auf kleinen Hockern sitzend,
haben die Männer ihre Beine fest auf den Boden gestemmt,
und während sich ihre untere Körperhälfte mit dem leichten
Wellengang auf der Gracht mitbewegt, scheinen ihre Oberkör-
per mit den Instrumenten fast stillzustehen.

„Ich hoffe nur, die haben vorher nichts getrunken, sonst
werden die noch seekrank“, sagt Mathilde und prostet mir zu.

Um uns herum haben es sich mehrere Leute bequem gemacht, manche haben kleine Klappstühle mitgebracht oder
Decken, auf denen sie halb liegend Passanten und Radfahrern
den Weg versperren, worüber sich aber niemand beschwert.
Ein bisschen erinnert mich das Szenario an den Vondelpark
beim De-Dijk-Konzert, nur dass das Publikum hier Schlips
und Kragen oder Blümchenkleid trägt und auch nicht mit den
Füßen rhythmisch stampft, sondern den Kopf sanft zur Musik
wiegt.

„Weißt du, was die da spielen?“, frage ich Mathilde. „Geen
idee, keine Ahnung. Mozart ist es, glaube ich, nicht.“ Ich will
mich gerade ausführlich bei ihr über unsere selbstverschulde-
te Ignoranz klassischer Musik gegenüber beklagen, als mir von
hinter jemand etwas zuraunt. „Streichquartett Nr. 14 d-Moll

D 810, bekannt als ‚Der Tod und das Mädchen‘, von Franz Schubert."

Ich drehe mich um, und da sitzt ein Mann, der mich nicht einmal ansieht, sondern sich mit einer Bierbüchse unter dem Arm eine Zigarette dreht. „Entschuldigung, haben Sie gerade gesprochen?" – „Man hilft, wo man kann." – „Danke." – „Graag gedaan, gern geschehen."

Mathilde rammt mir ihren Ellenbogen in die Rippen und macht seltsame Kopfbewegungen, denen ich entnehme, dass ich Kontakt aufnehmen soll. „Sie kennen sich wohl aus?" – „Ja hoor." – „Schöne Musik ist das." – „Hhmm."

Ich drehe mich zu Mathilde und mache ebenfalls seltsame Kopfbewegungen, die sagen sollen, das wird nichts, der will nicht reden, oder doch? „Sie können mich übrigens duzen, sonst komme ich mir so alt vor, ich heiße Marinus. Und du, bist nicht von hier, was?" Ich merke, wie ich erröte. „Wie kommst du denn darauf?" – „Nur so, da ist irgendwas in deiner Sprache." Das hat er jetzt aber hübsch ausgedrückt. „Hallo, ik heet Bettina en ik ben uit Duitsland."

„Deutschland, na, da müsstest du das Stück doch eigentlich kennen, schließlich ..." – „Pssssst!" – Eine Blümchenkleid-Frau tippt Marinus mit einen Sonnenschirm auf die Schulter, wirft uns beiden einen strengen Blick zu und schließt dann wieder die Augen, um den Rest des schwankenden Streichquartetts störungsfrei zu genießen.

Später verabrede ich mich auf Befehl von Mathilde („Willst du nun Leute kennenlernen oder nicht?") mit Marinus zu einer weiteren Aufführung des Grachtenfestivals, und er verspricht mir, etwas Leichteres als ein Streichquartett auszusuchen.

Bevor ich ihn fragen kann, ob vielleicht auch Herman van Veen auf dem Programm steht, erinnere ich mich an die Reaktion Willems und halte lieber meinen Mund. Ein paar Tage später sehen wir uns bei einer Vorstellung des niederländischen Jugend-Sinfonieorchesters wieder, und die haben Musical-Schmeißer auf dem Programm, von denen sogar ich ein paar mitsummen kann, West Side Story und so weiter. Marinus und den tausend anderen Menschen am und auf dem Wasser geht es offensichtlich genauso, und so endet ein Konzert, das mit freundlichem Beifall begonnen hatte, damit, dass das Publikum einen Chor bildet und lauthals „I want to be in America, everything is free in America" gegen das Orchester ansingt, während der Dirigent Pirouetten dreht. Rote Köpfe auf beiden Seiten, frenetischer Beifall und ein gekentertes Ruderboot vor der Bühne.

Nach der dritten Zugabe landen Marinus und ich etwas erschöpft auf der Terrasse vorm Café de Swart am Spui, gleich gegenüber vom Buchladen, in dem ich arbeite. „Ich wusste gar nicht, dass die Holländer so aus sich rausgehen können." – „Die Holländer vielleicht nicht, aber die Amsterdamer ganz bestimmt." – „Ach so, da gibt es einen Unterschied?"

„Klar, genauso wie zwischen dem Amerikaner und dem New Yorker, dem Franzosen und dem Pariser und wahrscheinlich auch dem Deutschen und dem Berliner, oder etwa nicht?"– „So hab ich das noch gar nicht betrachtet."

Marinus schaut auf seine Armbanduhr. „Es ist jetzt 22.47 Uhr, und du kannst davon ausgehen, dass die Niederländer inklusive Königin Beatrix bereits schlafen oder mindestens schon im Pyjama vor dem Fernseher hängen, aber Amsterdam braucht nicht viel Schlaf, zwei, drei Stunden reichen."

Während ich an der Bar zwei Bier für uns hole, stelle ich mir Königin Beatrix im Pyjama vor dem Fernseher hängend vor. Als ich rauskomme, dreht sich Marinus mal wieder eine Zigarette, und ich werde später jedes Mal, wenn ich an ihn denke, dieses Bild des Zigarette drehenden Marinus vor mir sehen.

„Was machst du eigentlich, wenn du nicht zum Grachtenfestival gehst?" – „Ich schreibe meine Doktorarbeit über die

Geschichte der Verlage Querido und Allert de Lange." – „Ah ja,
und was sind das für Verlage?" – „Das waren in der ersten
Hälfte des 20. Jahrhunderts die wichtigsten deutschen Exilverla-
ge in Amsterdam. Die haben so gut wie alles gedruckt, was
in Deutschland nicht mehr erscheinen durfte."

„Klingt interessant." – „Nou, nach drei Jahren Recherche
könnte ich mir Spannenderes vorstellen, aber ja, es ist schon
ein gutes Thema, viele Quellen, viele Prominente." – „Prominente?" – „Na klar, was meinst du, wer da alles auf den Autoren-
listen stand, der ganze Mann-Clan, Feuchtwanger, Einstein,
Remarque, Brecht usw. usf." – „Davon musst du mir mehr erzählen."

„Aber heute nicht mehr." Marinus gähnt und schaut wieder
auf die Uhr. „Und ich dachte, Amsterdam schläft nie?" – „Amsterdam vielleicht nicht, aber ich muss schleunigst ins Bett,
wenn ich morgen noch einen sinnvollen Gedanken zu Papier
bringen will."

Meine Enttäuschung steht mir offensichtlich ins Gesicht
geschrieben, denn ohne dass ich danach gefragt hätte, bietet
mir Marinus an, dass ich ihn demnächst in seinem Büro besuche, da könnte ich dann selbst ein bisschen in der deutsch-
niederländischen Geschichte stöbern. Außerdem schlägt er vor,
dass wir mal in ein ‚richtiges' Konzert gehen, und zwar im
Concertgebouw, einem der schönsten Konzerthäuser Europas.
Na, diese Superlative kenne ich, da überzeuge ich mich dann
doch gern selbst.

„Welterusten, Marinus!" – „Gute Nacht, Bettina!"

Einige Tage später sitze ich auf meinem Zimmer, schreibe
Claudia nach langer Zeit mal wieder eine E-Mail, dass alles
prima wäre, ich noch immer kein Junkie sei, dass mein Holländisch fast fließend wäre und ich Berlin überhaupt kein bisschen vermissen würde, als plötzlich Willem hinter mir steht.
„Sag mal, Bettina …" – „Ja?" – „Sag mal …" – „Ja?" – „Also, ich

wollte fragen ..." – „Ja was denn?" So wortkarg kenne ich den Mann gar nicht. „Du willst doch Amsterdam kennenlernen?" – „Ja, und?" – „Aber so richtig, ich meine, von allen Seiten?" – „Im Prinzip schon." Worauf will dieser Mann hinaus? „Es gibt da dieses Stadtviertel, ich glaube, da warst du noch nicht." – „Mein Gott, Wim, lass dir nicht alles aus der Nase ziehen, welches Stadtviertel meinst du, und was soll ich da?"

Willem setzt sich auf einen Stuhl, räuspert sich und setzt dann von neuem an. „Also es geht um die Roze Buurt." – „Das Rotlichtviertel?" – „Ja." – „Und was ist damit, traust du dich da alleine nicht hin?" – „Ja schon, es ist nur, na, wenn du Amsterdam kennen willst, dann musst du wenigstens ein Mal mitkommen." – „Aha, gut." – „Vanavond, heute Abend?" – „Sag mal, du hast es ja eilig." – „Wieso?" – „Na gut, dann heute Abend."

(‚Liebe Claudia, lach bitte nicht, aber jetzt will mein verrückter Mitbewohner Willem mit mir ins Rotlichtviertel. Ich sage dir, wenn das Jahr vorbei ist, brauche ich erst mal Urlaub, irgendwo im Thüringer Wald, da, wo man mit dem Fahrrad nicht hinkommt. Bis bald, liebe Grüße, Bettina')

Gegen zehn Uhr, ich hatte schon geglaubt, Willem hätte seinen Plan vergessen oder aufgegeben, klopft es an meine Tür. „Bist du so weit?" – „Im Prinzip schon, aber sag mal, Willem, ich als Frau, glaubst du wirklich, die warten da auf mich?" – „Na klar, du wirst sehen, das wird lustig."

Mit den Rädern fahren wir von uns aus einmal über den Dam Richtung Wallen. Wallen nennt sich das kleine Quartier zwischen Dam und Nieuwmarkt, wo so genannter raamprostitutie, sprich ‚Fensterprostitution', nachgegangen wird, das heißt, die Frauen stehen in einer Art Schaufenster, was auf jeden Fall gesundheitsfreundlicher ist, als auf der Straße zu stehen, und bieten ihre Körper an. Die Fenster sind zumeist in rötlichem Schummerlicht gehalten, daher der Name Roze Buurt, was genau übersetzt ‚rosa Nachbarschaft' heißt. Jedes Fenster

73

hat eine Gardine, vor der sich die Damen in der Regel auf Bar-
hockern räkeln, bis der nächste Kunde kommt. Gardine zu
heißt dann so viel wie: ‚Bin bei der Arbeit.'

Willem und ich haben unsere Räder abgestellt und flanie-
ren gemeinsam mit Menschen aus England, Spanien, Deutschland und Japan durch die engen Gassen. Ich weiß erst mal
nicht, wo ich hingucken soll, aber Willem hat keine Hemmun-
gen.

„Guck mal, das könnte meine Oma sein!", ruft er, oder:
„Ach, die ist doch ganz süß." – „Wim, wenn ich dich allein lassen soll, dann musst du das nur sagen." – „Nein, nein, ich will
hier nirgendwo einkehren. Aber ist doch witzig, wie sich hier
alle Nationen durchschieben, wie in einem großen Museum." –
„Also, ich weiß nicht, dann doch lieber ein Rembrandt statt so
ein armes Mädel in billiger Wäsche, die sitzen doch da garantiert nicht alle freiwillig im Fenster." – „Glaubst du, das weiß
ich nicht? Aber schließlich gibt es auch eine Menge Leute, die
genau deswegen herkommen." Als wir an einem Kiosk vorbeikommen, fragt mich Willem, ob ich ein Eis will.

„Ja, ich weiß, wenn man in Deutschland erzählt, man fährt
nach Amsterdam, ist man immer verdächtig, entweder dro-
genabhängig, sexuell unterfordert oder ungewollt schwanger
zu sein. Dass es hier auch noch was anderes gibt, wird gern
ausgeblendet." – „Es lebe das Vorurteil! Und, ist es nun so
schlimm, wie du es dir vorgestellt hast?" – „Nein, eher ernüch-
ternd, bisschen billig alles, ganz schön touristisch und gar
nicht so, na so, wie soll ich das sagen, so ..." – „Smerig? Dre-
ckig? Glitschig?" – „Ja, irgendwie so."

„Zie je wel, sag ich doch! Das ist nämlich genau dasselbe
wie mit den Coffeeshops und den Abtreibungen, alle Welt hält
Holland und speziell Amsterdam für das Vorzimmer der Hölle, nur weil wir ein bisschen mehr zulassen als andere Nationen. Dabei könnte man es doch auch von der anderen Seite
betrachten, unsere Regierungen hatten immer etwas mehr

Vertrauen in ihr Volk als die von anderen Ländern. Und siehe da, alles, was erlaubt ist, wird irgendwann zur Gewohnheit, ein bisschen billig und ganz schön touristisch."

„Ich will ja nicht wie ein Lehrerin klingen, aber wird dem Missbrauch da nicht auch Vorschub geleistet?" – „Vorschub geleistet, woher hast du denn den Ausdruck, Fräulein Rottenmeier? Kann schon sein, aber das ist dann wieder eine andere Geschichte." – „Wir in Deutschland denken diese andere Geschichte eben gern vorher mit, verstehen Sie, Meneer Willem?" – „Mevrouw Bettina, das mag ja sein, dass ihr alles in allem vernünftiger seid als wir, aber dafür haben wir mehr Spaß! In Deutschland ist es doch bestimmt auch verboten, nach einem Eis gleich ein Bier zu trinken, aber hier in Amsterdam ist das sozusagen ein Gesetz, los, auf zur nächsten Kneipe!"

Und dann folgt das, was an einem Abend mit Willem immer folgt, wir tauchen in ein bruin café ein, wovon es in dieser Stadt Hunderte gibt und das deshalb ‚braunes Café' heißt, weil die Möbel aus Holz sind und die Wände vergilbt vom Rauch und Schweiß der letzten Jahrzehnte, wenn nicht Jahrhunderte. Wir stellen uns an die Bar, Willem ordert zwei Bier, und es dauert höchstens zehn Minuten, bis irgendein Freund oder Bekannter von ihm auftaucht, der sich zu uns stellt, und wenn da keiner ist, dann macht Willem einfach neue Freunde oder Bekannte, und die sind dann auch gleich meine, nun ja, Freunde oder Bekannten oder etwas in der Art. Jedenfalls bleibt man nicht lang allein, wenn man mit Willem unterwegs ist. Amsterdam schrumpft zusammen auf die Größe eines Dorfes in Nordholland, und selbst wenn draußen die Welt unterginge, hier im Café ist die Stimmung prächtig.

Als wir schließlich unsere Räder suchen, ist es schon weit nach Mitternacht, und auf dem Wallen ist es ruhiger geworden. Die Touristenhorden wurden von ein paar willigen Einzelgängern abgelöst, Männer mit eingezogenen Köpfen, die an diesem Ort auf Erlösung hoffen.

75

„Na sag mal, wo treibst du dich denn nachts rum?", fragt mich Maartje ziemlich verständnislos, als ich am nächsten Morgen leicht verkatert und müde im Buchladen stehe. – „Roze Buurt." – „Ach, beruflich oder privat?" – „Mein Mitbewohner ist der Meinung, dass ich jede Straße Amsterdams kennen müsste, bevor ich nach Deutschland zurückkehre." – „Aber er weiß auch, dass du noch acht Monate Zeit hast?" – „Ja, schon, aber was man hat, das hat man." – „Gut, dann könntest du bitte gleich mal die neuen Bände ‚Amsterdam literarisch' in die Regale sortieren, was man hat, das hat man."

Nachdem ich den Auftrag ausgeführt habe, stöbere ich ein bisschen in der Geschichtsabteilung nach den Verlagen Querido und Allert de Lange, von denen mir Marinus erzählt hatte. Und siehe da, Querido gibt es immer noch. Nach dem Zweiten Weltkrieg und der Ermordung des Verlagsgründers Emanuel Querido im Vernichtungslager Sobibor ist es allerdings kein Exilverlag geblieben, sondern hat sich vor allem der niederländischen Literatur gewidmet. Nach Büchern von Allert de Lange suche ich bei uns im Laden allerdings vergebens.

„Wenn du Bücher von Allert de Lange suchst, musst du ins Antiquariat. Den Verlag gibt es nicht mehr", erfahre ich von Jeroen: „Die Deutschen haben ihn 1940 liquidiert und einen seiner Leiter, Walter Landauer, gleich mit. Wie du siehst, du kannst zwar für ein Jahr nach Amsterdam gehen, aber so richtig wirst du dein Land nicht los."

„Was umgekehrt natürlich auch bedeutet, dass ihr Holländer ständig mit uns Deutschen leben müsst." – „Tja, das stimmt. Und wie du sicher mitbekommen hast, reden wir nicht immer sonderlich gut von euch. Dabei sind wir, ehrlich gesagt, auch nicht immer die Engel, die wir gern vorgeben zu sein." – „Wie meinst du das?"

„Na ja, wir verdrängen unsere Mitschuld eben auch allzu leicht. Wusstest du, dass die Niederlande das Land sind, wo während der deutschen Besatzung siebzig Prozent aller Juden

gestorben sind? Das sind mehr als in jedem anderen west-
europäischen Land. Schön aufgeräumt haben wir da!" Jeroens
Stimme wird lauter, und er wirkt ganz aufgeregt, so habe ich
ihn noch nie gesehen. „Stell dir vor, ausgerechnet bei uns, wo
seit Jahrhunderten immer verfolgte Juden Zuflucht fanden,
ich könnte mich da jedes Mal drüber aufregen. Im Land von
Erasmus und Spinoza, verstehst du? Und viele von ihnen wurden von ihren eigenen Landsleuten, ihren eigenen Nachbarn,
verraten."[1] – „Nein, das wusste ich nicht."

„Man nennt das wohl ‚vorauseilenden Gehorsam'. Wenn
du mal irgendwo was über die NSB, die Nationaal-Socialisti-
sche Bewegung, liest, das waren unsere holländischen Nazis.
Es gibt da übrigens so einen Literaturwissenschaftler, ich hab
seinen Namen vergessen, aber der hat Ahnung, der promo-
viert darüber, also wenn du willst, such ich dir seine Nummer
raus." – „Nicht nötig, die habe ich schon."

Und als wenn es Gedankenübertragung gewesen wäre, ruft
am selben Nachmittag Marinus an und fragt, ob ich am Wochenende mit ihm ins Concertgebouw komme. Aber sehr
gern! Wir treffen uns am Samstagabend vor dem Konzerthaus
gegenüber vom Museumplein, dem Platz, der vom Museum
für moderne Kunst, dem Stedelijk, und dem Van-Gogh-Museum gesäumt wird, und ganz hinten grüßt auch schon das
Rijksmuseum und mit ihm mein schlechtes Gewissen, dass
ich Rembrandt und seinen Kollegen immer noch keinen Besuch abgestattet habe.

Aber jetzt erst mal die Musik! Eine mir unbekannte, aber
dennoch prominente bulgarische Mezzosopranistin gibt ihr
Holland-Debüt, alle Zeitungen sind voll davon, und Marinus
ist ganz aus dem Häuschen, dass er noch zwei Karten bekommen hat. Ich tue so, als wenn ich mindestens genauso aufgeregt wäre, und als wir schließlich unsere Plätze gefunden haben, bin ich tatsächlich etwas nervös. Der große Saal halt alle

77

Versprechungen, ein bisschen viel Pastell vielleicht, aber das muss wohl so sein, immerhin gehört das Haus seit 120 Jahren zu den besten in Europa und etwas Ehrfurcht liegt auch im 21. Jahrhundert noch in der Luft. Als dann die Sängerin, eine gewisse Vesselina Kasarova, die Bühne betritt und das Orchester zu spielen beginnt, bin auch ich gefangen vom Klang der Musik. Marinus hat neben mir die Augen geschlossen und schwebt wahrscheinlich schon in anderen Sphären.

Nach dem Konzert muss Marinus erst wieder in die Realität zurückfinden, und wir laufen ein Stück durch das Wohnviertel rund um das Concertgebouw, die Concertgebouw Buurt. Meine Güte, und ich dachte schon, ich würde in einem schicken Viertel wohnen, aber die Häuser hier sind viel breiter, viel prächtiger und, wie soll man es anders nennen, herrschaftlicher.

„Sag mal, Marinus, wer wohnt denn hier?" Marinus summt die Melodie der letzten Arie vor sich hin und dreht sich eine Zigarette. „Wie bitte?" – „Wer hier wohnt, in diesen großartigen Häusern?" – „Ach so, Bankdirektoren, Immobilienhändler, Professoren, Concertgebouw-Dirigenten, in der Art."

„Und ich dachte, in Holland wäre Gleichheit oberstes Gesetz." – „Ach was, wir tun bloß so, wenn Ausländer dabei sind, aber auch in Holland hört die Freundschaft und die Gleichheit beim Geld auf." – „Aber immerhin, Gardinen sieht man hier auch nicht an den Fenstern." – „Nee hoor, ist ja alles mit Alarmanlagen gesichert."

Wir spazieren durch den Willemsparkweg, der von den großen Fenstern hell erleuchtet ist, und überlegen uns, in welchem Haus wir uns vorstellen könnten zu wohnen, natürlich sind wir wählerisch, zweihundert Quadratmeter sind Minimum, Fahrstuhl, Sauna, Whirlpool, Klimaanlage, Dachterrasse, das müsste hier alles zu kriegen sein. Plötzlich bleibt Marinus stehen.

„Komm, lass uns nach Hause fahren, so richtig wohl fühle

ich mich hier nicht." Wir laufen zu unseren Rädern am Concertgebouw und radeln über den Museumplein, den Leidseplein, dem Lieblingsort der Straßenmusiker und Jongleure, dessen riesigen Terrassen voll mit amüsierwilliger Jugend besetzt sind, und durch die Leidsestraat zurück nach Hause. Gerade will ich Marinus vom Sturz an meinem ersten Tag in Amsterdam erzählen, als es hinter uns laut pfeift. Ich reagiere erst gar nicht, aber dann sehe ich, wie Marinus voller Panik vom Fahrrad springt, und weil mir nichts Besseres einfällt, mache ich das auch. Vor uns bauen sich zwei Polizisten auf.

„Mevrouw, Meneer, U weet, in deze Straat is fietsen absoluut verboden!" Ich hab wohl nicht richtig verstanden, Fahrradfahren verboten, hier in Amsterdam? Ich muss lachen, aber die Herren verstehen das wohl falsch.

„Mevrouw, Uw paspoort alstublieft!" Meinen Pass? Na sag mal, bin ich jetzt kriminell? Ich hab doch nur gemacht, was alle Amsterdamer den ganzen Tag überall machen, ich bin Fahrrad gefahren. In mir regt sich Widerstand. „Entschuldigung, aber was ist das Problem?"

„Junge Frau, Sie sollten den Mund nicht zu voll nehmen, auf den Verstoß des eindeutigen Verbots des Radfahrens stehen vierzig Euro Bußgeld." Bußgeld? Marinus, nun sag doch auch mal was! Aber der schweigt.

„Sie haben die Wahl, sie zahlen gleich, überweisen später oder wir müssen Sie auf das Polizeirevier mitnehmen." Meine Güte, ich glaube, die meinen das ernst. Etwas betreten übergebe ich die vierzig Euro, von denen ich am nächsten Tag eigentlich Brot und Gemüse kaufen wollte, und auch Marinus muss dran glauben, der jetzt nicht mehr summt, sondern „godverdomme" zischt, verdammt noch mal. „Haben Sie etwas gesagt?", fragt ein Polizist. „Nein, nein, alles in Ordnung, kommt nicht wieder vor."

Schließlich sind die Polizisten weg und ich bin immer noch etwas aufgewühlt.

„Was war das denn?" – „Fußgängerzone. So heißt das doch bei euch." – „Aber es ist fast Mitternacht." – „Egal, die Leidsestraat ist tabu für Radfahrer, die haben mich hier schon ein paar Mal vom Rad geholt, nur zahlen musste ich noch nie." – „Na toll, kiffen darf man, im Fenster seinen Körper anbieten darf man, aber wenn man einmal ein Verkehrsschild missachtet." – „Lass gut sein, die Stadt muss ja auch irgendwie ihre Kassen füllen."

Nebeneinander schieben wir unsere Räder bis zur Prinsengracht 26. Dann fällt mir etwas ein. „Weißt du was?" – „Was denn?" – „Ich bin das allererste Mal, seit ich in Holland bin, gesiezt worden! Ist das nicht großartig?" – „Ja, wirklich großartig, das hättest du aber wirklich billiger haben können, Mevrouw Baltschev, und ich auch."

„Tut mir leid, ehrlich." – „Ist schon gut, ich ruf dich an, wenn mal wieder eine viel versprechende Sängerin im Concertgebouw gastiert."

Sagt's und radelt davon.

Anmerkung zum augustus

[1] Die ersten Juden kamen ca. 1600 aus Spanien und Portugal nach Amsterdam, ihnen folgten in den nächsten Jahrhunderten viele osteuropäische Juden, die sich in der *Jodenbuurt*, dem jüdischen Viertel, niederließen. Das *Joods Historisch Museum* in Amsterdam, bereits 1932 eröffnet, erzählt seine Geschichte. Die deutschen Besatzer missbrauchten die *Jodenbuurt* während des Zweiten Weltkrieges als Ghetto, nur zwanzig Prozent der Amsterdamer Juden überlebten den Holocaust. 2005 hat Ministerpräsident Jan Peter Balkenende das erste Mal öffentlich eine Mitschuld der Niederländer an der Judenverfolgung eingeräumt.

september

DAFÜR, DASS DER SOMMER IN AMSTERDAM relativ spät beginnt, hört er auch relativ früh wieder auf. Erste kalte Regenschauer und ein Wind, der es mit Radfahrern nicht gut meint, lassen bereits erahnen, wie der Herbst werden wird in dieser Stadt. Mathilde hat mir den Tipp gegeben, mir een regenpak, einen Regenanzug, zuzulegen, bestehend aus einer wasserdichten Jacke mit Kapuze und einer passenden Hose, die man über alles, was man schon an hat, drüberzieht. Sehr praktisch, diese Teile, und entsprechend unansehnlich, man wird äußerlich zu einem geschlechtslosen Kanalarbeiter. Aber wenn man ein paar Mal klitschnass geworden ist, ändert sich eben auch das ästhetische Empfinden. Der holländische Regen neigt nämlich dazu, sich nicht erst durch große schwere Wolken anzukündigen, sondern ergießt sich gern auch mal einfach so, aus dem Blauen heraus, und zehn Minuten später ist alles wieder vorbei. Oder es regnet einfach über Stunden, ein erkennbares System gibt es da nicht, Hauptsache nass.

An so einem Regenanzug erkennt man übrigens auch den Einheimischen, und war es nicht mein erklärtes Ziel, mich dem Holländer für ein Jahr gleichzumachen? Und hat mir der liebe Gott nicht ein hohes Maß an Toleranz und Verständnis mitgegeben? Und ist dieses Verständnis nicht erst dann etwas wert, wenn es auf die Probe gestellt wird?

„Du kannst auch einen Regenanzug von mir haben, ich hab da einen übrig, er ist orange und hat so hellblaue Streifen auf der Brust, du magst doch Orange?" – „O ja, Mathilde, Orange ist quasi meine Lieblingsfarbe" – „Keine Ursache, ich hab mir einen dunkelblauen gekauft, der ist etwas dezenter, aber du musst ja nicht extra Geld dafür ausgeben, wenn du sowieso nur ein Jahr bleibst." – „Wie nett von dir, Mathilde, ich danke dir."

Als ich mich eines Morgens entscheiden muss, ob ich meinen Dienst im Buchladen völlig durchgeweicht antreten will oder mir doch das orangefarbene Ungetüm überwerfe, entscheide ich mich seufzend für Letzteres, in der Hoffnung, dass mich meine Freunde in Deutschland nie so sehen würden. Und dann, als ich durch die Straßen von Amsterdam zur Arbeit radle, dreht sich tatsächlich niemand nach mir um, und als ich im Laden ankomme, lacht tatsächlich niemand über mich, und Jeroen kommt angeradelt und trägt ein ähnliches Modell in Grün.

Und auf ein Mal, viereinhalb Monate nach meiner Ankunft in dieser Stadt, ist da ein magischer Moment. Es ist der Moment, in dem meine Ahnung, dass ich in einer anderen Welt, und sei sie noch so nah an meiner eigenen Welt, angekommen bin, zur Gewissheit wird. Es ist der Moment, in dem ich die Frage, woher kommst du, ohne Zögern mit ‚aus Amsterdam' beantworten würde. Man könnte ihn mit dem Augenblick vergleichen, in dem ich in Berlin die kleine Schallplatte von Herman van Veen in den Händen hielt und wusste, dass ab jetzt alles anders werden müsste, dieser kurze Moment, in dem ich im orangefarbenen Regenanzug im Buchladen ankomme und Klaas mir einen Kleiderbügel reicht.

„Hier, kannst die Sachen im Lager zum Trocknen aufhängen."

Ein paar Tage später erinnere ich mich an Joop und Lots, die ich sträflich vernachlässigt habe. Ich rufe Lots an, und sie ist ganz begeistert von meinen sprachlichen Fortschritten. „Ich kann es gar nicht glauben, vloeiend, fließend, maid, du sprichst fließend Niederländisch!" Nun übertreib mal nicht, denke ich.

„Sag mal, Lots, du hast mir doch von den Märkten erzählt, die es hier in Amsterdam gibt, Waterlooplein und Albert, Albert, wie war das noch mal?" – „Albert Cuyp?" – „Ja, genau. Hast du nicht Lust, mir die Märkte zu zeigen? Zusammen macht das doch bestimmt mehr Spaß, und ich kann nicht ständig meine WG einspannen, mir die Stadt zu zeigen." – „Ja sicher, das machen wir, gleich am Samstag, ja? Wir treffen uns am Ausgang vom Vondelpark, von da ist es nicht mehr weit zum Albert Cuyp."

Als ich am Vondelpark ankomme, steht Lots schon da und Joop ist auch mitgekommen. „Meid, wat hoor ik, jij spreekt vloeiend nederlands?" – „Ach Joop, fließend ist relativ, aber ich komm schon ganz gut durch." – „Na, ich würde sagen, beter dan Prins Bernhard."

Besser als Prinz Bernhard, diese Worte werde ich von da an bei jeder Begegnung mit Joop und Lots zu hören bekommen. Prinz Bernhard, der Ehemann von Königin Juliana und Vater von Beatrix, geboren 1911 in Jena, gestorben 2004 in Amsterdam, hat wie sein Schwiegersohn Claus sein Leben lang einen deutschen Akzent behalten, der ihm nicht immer nur gut gemeinte Kommentare eingetragen hat. Ich kann mir also aussuchen, ob ich das Prädikat ‚Besser als Prinz Bernhard' als Kompliment oder als verbalen Hinterhalt betrachten will.

Wie dem auch sei, Albert Cuyp ruft. Vom Vondelpark Richtung Osten geht es wieder vorbei an Concertgebouw und Museumplein, aber diesmal in den Stadtteil De Pijp (wörtlich die Pfeife, aber auch das Rohr). Das ist ein ziemlich volkstümliches Viertel mit einer bunt gemischten Bevölkerung aus Studenten, Bürgertum und Menschen nichtholländischer Herkunft, die hier allochtonen heißen (ein mittlerweile umstrittener Begriff, der sich aber so eingebürgert hat, dass man ohne ihn kaum auskommt). Der Albert-Cuyp-Markt ist angeblich der berühmteste Markt der Niederlande und befindet sich passenderweise in der Albert-Cuyp-Straat. Beide sind nach

83

einem Landschaftsmaler des 17. Jahrhunderts benannt, der
Markt ist von montags bis samstags geöffnet und das seit über
hundert Jahren, wie Lots mir unterwegs erzählt. „Hier gibt es
alles, glaub mir."

Joop, Lots und ich schließen unsere Fahrräder aneinander
und verabreden uns vorsorglich für später an derselben Stelle,
falls wir uns verlieren sollten, denn das Gedränge ist groß am
Samstagmittag. Aber Lots findet es prima.

„Wir hätten auch am Montag gehen können, aber heute ist
es einfach gezelliger." (Gezellig ist eines der ersten niederländischen Worte, die ich in Amsterdam gelernt habe. Man kann
es kaum übersetzen, manche meinen, ‚gemütlich' wäre der
richtige Ausdruck, aber das stimmt nicht, ein Markt ist nicht
‚gemütlich' und auch nicht ‚lustig'. Der Holländer benutzt das
Wort immer dann, wenn er sagen will, dass er sich unter Leuten oder auch nur zu zweit besonders wohl fühlt. Gezellig, das
kann man ebenso schwer übersetzen wie lekker, aber dazu
später.)

Der Markt beginnt mit Ständen, an denen Lebensmittel
verkauft werden, Wurst, Gemüse, Fisch, türkische und marok-
kanische Spezialitäten, Tee, Gewürze, dann kommen Blumen,
Stoffe, Metallwaren, Büstenhalter, Taschen, CDs, Süßigkeiten,
Schals, Käse, Fahrräder, Strümpfe, Regenschirme, Handys,
Jeans, usw. usf. Die Verkäufer preisen ihre Waren laut an oder
setzen gleich auf die Unwiderstehlichkeit ihrer Produkte, die
sich in Türmen stapeln und auf Leinen hängen. Es gibt nichts,
was man wirklich braucht, und es gibt alles, was man immer
schon mal haben wollte. Die meisten Dinge versprühen den
Charme von Familienpackungen, je mehr von einer Sorte, des-
to billiger. Ich könnte sofort eine Packung mit zwanzig Paar
Socken mitnehmen oder einen Fünferpack Küchenmesser er-
stehen, oder sofort drei Kilo Käse einpacken.

„Schau mal, Bettina, dieser BH, nur zwölf Euro, wenn wir
zwei nehmen, kostet jeder BH nur zehn Euro, wollen wir uns

da nicht eine Packung teilen?" – „Lots, bitte, so was muss man anprobieren." – „Kann man doch, da, siehst du, hinter der Decke." Im hinteren Teil des Standes befindet sich in der Tat eine improvisierte Umkleidekabine aus zwei Wolldecken. „Ach weißt du, ich hab eigentlich genug Wäsche." – „Okay, aber sieh mal da drüben, das T-Shirt, wie findest du das?" – „Wenn man Blumenmotive mag ..."

Und so kann man Stunden und Tage auf dem Albert Cuyp verbringen, zwischendurch in einem der Cafés hinter den Ständen Tee trinken, den Leuten beim Handeln zugucken, sich Kinderwagen in die Hacken fahren lassen oder sich von penetrant-charmanten Verkäufern um den Finger wickeln lassen. „Schöner Markt", sage ich zu Joop, als wir drei Stunden später wieder bei unseren Rädern stehen. „Hast du auch was gekauft?" – „Haken." – „Wie, Haken?" – „Na Haken eben, Sonderangebot, fünfzig Haken für zwanzig Euro." – „Und was willst du bitte an fünfzig Haken aufhängen?", fragt Lots mit Falten auf der Stirn. „Was weiß ich, Haken kann man immer brauchen." Genau so ein Markt ist der Albert Cuyp. Und das war ja nur der erste Markt auf unserer Tour.

„Okay Lots, und wo geht es jetzt zum Waterlooplein?" – „Du, Waterlooplein machen wir ein anderes Mal, ja? Zwei Märkte an einem Tag, das wird ein bisschen viel, meinst du nicht?" – „Na gut, vielleicht hast du recht." – „Komm doch mal zum Essen vorbei, du kannst ruhig jemanden mitbringen, deinen Freund zum Beispiel." – „Was für einen Freund?" – „Ach, nur so, ich dachte ..." – „Lots, deine Verhörmethoden sind nicht gerade subtil." – „Sorry hoor, ich will doch nur dein Bestes. Also dann, tot ziens meid, dag!"

Ein paar Tage später fragt mich Mathilde, ob ich mitkomme, Gemüse und Fleisch einkaufen für unseren kookavond. „Was denn für ein Koch-Abend?" – „Nou, hat dir das noch keiner gesagt? Alle paar Monate wird hier gekocht, es kommen ein paar

nette Leute und wir haben viel Spaß. Du kannst auch jeman-
den mitbringen, Marinus vielleicht." Mathilde legt den Kopf
schräg und guckt mich völlig desinteressiert-interessiert an.
„Ich glaube, Marinus hat keine Zeit, der schreibt an seiner
Doktorarbeit." – „Na gut, dann eben nicht. Also, kommst du
jetzt mit oder nicht?" – „Ich würde dann lieber noch ein paar
Rezepte aus dem Internet abschreiben." – „Auch gut, toetje,
Nachtisch, wird immer sehr gern genommen."

Als ich am Freitag von der Arbeit nach Hause komme, ist
unsere Küche voller, als Mathildes Ankündigung von ‚ein paar
netten Leuten‘ vermuten ließ. Ungefähr zwanzig Menschen
drücken sich zwischen Herd, Spüle und Küchentisch aneinander vorbei, und alle haben offensichtlich richtig viel zu tun.

„Hallo, du musst Bettina sein", begrüßt mich ein vollbärti-
ger Mann. „Mathilde meint, du bist für das toetje zuständig?"
Ach du Schreck, das habe ich ja total vergessen, Nachtisch, wo
kriege ich denn jetzt noch Nachtisch her? „Äh, ja, irgendwie
schon." Eis, ich muss Eis kaufen gehen und Himbeersoße, ‚Eis
und Heiß‘, das geht immer. Mathilde hat mich entdeckt und
kann offensichtlich Gedanken lesen. „Hoi, Bettina, schön, dass
du da bist, wegen des toetje, bitte kein ‚Eis und Heiß‘, das hatten wir schon drei Mal. Mach doch poffertjes, das geht ganz
einfach." – „O ja super, ich liebe poffertjes!" Der vollbärtige
Mann, den mir Mathilde später als Boudewijn vorstellt, ist
ganz begeistert.

Wenn ich nur wüsste, wovon diese Menschen sprechen.
Ich flüchte erst mal auf mein Zimmer. Auf dem Weg nach
oben sehe ich, dass Johan zu Hause ist. „Du, Johan, ich hab da
eine möglicherweise sehr dumme Frage." Johan sitzt vor seinem Computer und sieht angestrengt aus. „Hhmm." – „Darf
ich sie trotzdem stellen?" – „Hhmm." Bis jetzt hat er mich
noch nicht einmal angesehen. „Was sind poffertjes?" – „Wie?" –
„Was sind poffertjes?" Jetzt sieht er mich an. Sagt aber nichts.
Ich schaue zu Boden und schäme mich für meine Ignoranz

86

gegenüber der niederländischen Küche, die scheinbar voller Geheimnisse steckt. „Kleine Pfannkuchen, Eier, Mehl, Butter, Milch. Unten in der Küche muss irgendwo eine poffertjes-Pfanne sein, so ein Blech mit lauter Dellen, da kommt der Teig rein, einmal backen, Sirup oder Zucker drüber, fertig." Jetzt kann ich Johan wieder ansehen. „Danke, du hast mir sehr geholfen." – „Kookavond?" – „Kookavond." – „Okay, ich komme später runter, zum Probieren."

Poffertjes also, nichts leichter als das. In der Küche hängt mittlerweile der Geruch von stamppot. Ich fühle mich an Lots' boerenkool erinnert und liege damit gar nicht so falsch. Ich will ja nicht meckern, aber die niederländische Küche scheint entscheidend von zahnlosen Menschen beeinflusst worden zu sein. Denn stamppot ist wieder ein zerstampftes Kartoffel-Gemüse-Gericht. Nur sind es diesmal statt Grünkohl Endivien, und statt Fleischwurst gibt es dazu kleine ausgebratene Schinkenwürfel, die hier spekjes heißen. Dazu gibt es braune Soße. Ich finde, wenn wir jetzt alle, wie wir hier sitzen, unsere Regenanzüge anziehen würden, dann wäre das doch wirklich zünftig.

Aber mit dem Erbe von Bratwurst und Sauerkraut im Rücken will ich mich nicht über fremde Kulinarik lustig machen. Schließlich muss man sich immer vor Augen halten, dass der moderne Niederländer aus einem Bauern- und Fischervolk hervorgegangen ist, und wenn der Wind schon im September und in der Stadt so kräftig weht, dann kann man sich vorstellen, was früher auf dem Land und auf hoher See los war. Da freuten sich eben der Bauer und der Fischer auf eine ordentlich deftige Mahlzeit, und zum Kauen hatte der nach einem harten Arbeitstag gar keine Kraft mehr.

„Rutsch mal." Boudewijn ist gerade dabei, den Küchentisch auszuziehen. Die anderen Menschen versammeln sich um den Topf und stoßen Laute des Verzückens aus. „Ach, wie früher bei meiner Mutter", sagt eine rothaarige Frau, und Willem findet: „Da weiß man doch noch, was man isst, nicht diese französische Piepmatzen-Mahlzeiten." – „Ja, lekker", stimmt ihm eine kleine Blonde zu.

(Lekker, da ist es, das Wort, nicht zu verwechseln mit unserem deutschen ‚lecker'. Das ist dagegen ein sehr blasses Geschöpf. Lekker kann in Holland nämlich alles sein, nicht nur der stamppot, sondern auch das Wetter, der weiche Pulli, der süße Typ – lekker vent – von nebenan und sogar Sex, wenn er gut ist. Lekker ist für den Holländer Synonym für alles, wobei er sich wohl fühlt und womit es ihm gut geht. Dementsprechend häufig wird es verwendet, mindestens so oft wie gezellig, und wenn beides zusammen auftaucht, steht man wahrscheinlich vor einem glücklichen Menschen.)[1]

„Aber so ein Eisbein mit Klößen ist doch auch nicht zu verachten." Aha, Johan hat den Weg aus seinen geistigen Welten zu uns hinab in die Küche gefunden. „Also ich freue mich ja schon auf Bettinas poffertjes", sagt er und schaut zu mir rüber. „Wenn du willst, helfe ich dir später dabei." Hat er mir gerade zugezwinkert? Ach Johan, du bist der Größte. „Aber jetzt erst mal alle zu Tisch."

Mathilde stemmt den Topf vom Herd auf die gedeckte Tafel und das Gelage kann beginnen. „Gezellig!"

Der Abend ging dann noch ziemlich lang, ich habe zusammen mit Johan ca. 250 poffertjes gebacken und hatte danach 17 neue Freunde. Als ich Claudia von dem Abend schreibe (die sich vor allem für den Ausdruck lekker vent interessiert und mich sofort fragt, wie viele mir davon in Amsterdam schon begegnet sind, als ob es allein darum ginge), fällt mir die Visitenkarte von Jan Sommers in die Hände, die seit Monaten auf meinem Schreibtisch liegt. Jetzt habe ich ihn zwei Mal zufällig getroffen, er hat mich zwei Mal zu sich eingeladen und ich habe es immer noch nicht geschafft, ihn anzurufen. Die Frage ist, ob er nach all der Zeit überhaupt noch weiß, wer ich bin.

„Hallo? Hier ist Bettina." – „Bettina, endlich, wann kommst du?" – „Morgen?" – „Wat leuk, wie schön, ich erwarte dich, bis dann." Das war einfach.

Am nächsten Tag radle ich mal wieder quer durch den Vondelpark, es ist ein sonniger Tag, Kinder und Hunde haben Spaß in Pfützen, auf dem Rasen sitzt niemand mehr, und die Touristen sind auch nicht mehr so zahlreich wie noch vor acht Wochen. Bevor ich auf die Straße gerate, die zu Joop und Lots führt, biege ich gleich hinter der Klapp-Brücke rechts ab.

An einem kleinen Platz hat Jan Sommers sein Haus. Das Fenster im Erdgeschoss gibt den Blick frei auf ein Wohnzimmer mit sehr vielen Bildern an der Wand und Skulpturen neben antiken Möbeln. Dass die Holländer nur selten Gardinen am Fenster haben, liegt übrigens der Legende nach daran, dass sie als gute Calvinisten nichts zu verbergen haben, weil das Leben ja sowieso erst nach dem Tod richtig losgeht, jedenfalls wenn man sich bis dahin ordentlich benommen hat.[2] Außer dem üblichen Wohnzimmer-Arrangement gibt es tatsächlich selten etwas Aufregendes zu entdecken, ich gucke mittlerweile kaum noch hin. Dafür hat Jan mich schon kommen sehen.

„Hoi Bettina, kom binnen!" Kusje, kusje, kusje, Küsschen, Küsschen, Küsschen. „Wie geht es dir? Was macht die WG? Was macht die Arbeit? Was hast du schon alles gesehen?" Bevor ich alle Fragen beantworten kann, gibt es erst mal eine Tasse Tee und Kekse, und ich muss mich umschauen. „Meine Güte, Jan, sind das alles Originale? Das hier, das ist sehr schön, wer hat das gemalt?" – „Ein junger niederländischer Künstler, du wirst ihn nicht kennen, ich versuche, durch meine Ankäufe die Jugend zu fördern, weißt du." – „Die Jugend? Da gehört wohl deine Tochter nicht dazu? Also damals in Haarlem ..." – „Ja, ich weiß, ich bin nicht ihr größter Fan, aber das weiß sie auch. Und was glaubst du, es ist ihr egal. Ich bin einfach zu nah dran an ihr, mir fehlt der objektive Blick. Aber ich weiß, dass es Menschen gibt, die ihre Arbeit sehr schätzen." – „Und wie bist du Sammler geworden?" – „Das ist einfach passiert, ich bin immer gern in Galerien gegangen, und irgendwann kauft man ein Bild, dann noch eines und noch eines, und plötzlich hängt das ganze Haus damit voll."

Wir sitzen auf einem grünen Sofa, um uns herum stapeln sich Bildbände und Kunstbücher, alles ist ein bisschen angestaubt, aber das scheint Jan nicht zu stören, und mich stört es auch nicht, dafür bin ich viel zu beeindruckt.

„Wenn du willst, können wir auch nach oben gehen, da gibt es noch mehr zu sehen." – „Sag mal, Jan, aber du hattest selber nie eine Galerie?" – „Nee, ik ben arts geweest, ich war Arzt, hab ich dir das nicht erzählt? Psychiater, vierzig Jahre lang, hab erst vor fünf Jahren aufgehört, und stell dir vor, manche Bilder haben mir sogar Patienten geschenkt, aus Dankbarkeit." Ein Kunst sammelnder Psychiater im Ruhestand, tja, dafür fällt man doch gern mal vom Rad. „Und, entschuldige bitte, deine Frau? Ich meine, Jolanda hat doch sicher eine Mutter?" – „Gestorben, meine Frau ist seit zwei Jahren tot, aber lass uns lieber weiter über Kunst reden."

Oben, im ersten und zweiten Stock des schmalen Reihenhauses, gibt es keine Sofas, dafür wäre dort auch gar kein Platz. Ein Zimmer ist eine Art Lager, Bilder lehnen an den Wänden und liegen auf dem Boden. Ein Zimmer soll wohl die Bibliothek sein, aber die Regale reichen nicht für alle Bücher, die sich auch hier hüfthoch stapeln. Von einem dritten Zimmer steht die Tür nur einen Spalt weit auf, dahinter ein ungemachtes Bett.

„Komm wieder runter, hier gibt es nicht mehr viel zu sehen." Wir setzen uns wieder auf das grüne Sofa im Erdgeschoss. „Warst du denn schon im Rijksmuseum? Im Stedelijk? Bei van Gogh? Amsterdam Historisch Museum? Joods Historisch? Tropenmuseum? Fotomuseum?" Ich rutsche immer weiter in das Sofa hinein und schüttle bei jeder Frage schuldbewusst den Kopf. „Nou meid, dann haben wir ja noch einiges vor."

Jan steht auf, beginnt in einer Schublade zu kramen und hält mir dann ein Formular hin. „Hier, das musst du ausfüllen, dann bekommst du von mir eine museumkaart, damit kannst du überall rein. Natürlich nur, wenn du willst, und du willst doch?" Wenn der Mann mich so anschaut, wie soll ich da nein sagen? „Ja, ich will." – „Na also, dann sollten wir im Rijksmuseum anfangen, der Klassiker, sagen wir nächste Woche? Freitag, ach nein, du musst ja arbeiten, also Samstag, um eins am Eingang?" Ja, ja, ja, was bleibt mir denn anderes übrig, wahrscheinlich sollte ich ihm dankbar sein. Es ist ja auch irgendwie peinlich, jeder schnöselige Tourist rennt auf seinem Drei-Tage-Amsterdam-Trip ins Rijksmuseum, und ich schaffe es in fünf Monaten nicht. „Einverstanden, um eins am Eingang, ich bin pünktlich." – „Das habe ich von einer deutschen Dame auch nicht anders erwartet." Jan kichert und bringt mich zur Tür.

Und dann, die Katastrophe! Mein Fahrrad, mein himmelblaues Fahrrad mit Gangschaltung und zwei Stahlschlössern, mein Fahrrad, das mich seit Wochen durch die Straßen von Amsterdam trägt, mein liebstes schönstes Fahrrad, es ist weg! Das heißt, ein Schloss ist noch da, es hängt in zwei Teilen am Laternenpfahl, wo noch vor einer Stunde auch der ganze Rest stand. Ich klingle Sturm bei Jan Sommers, der kommt rausgerannt, sieht den leeren Pfahl und ruft: „Godverdomme!"

Mir steigen die Tränen in die Augen, was mir ein bisschen peinlich ist. „Nou meid, niet huilen, aber ärgern darfst du dich. Diese Mistkerle, am helllichten Tage. Es wird doch immer schlimmer." Jan reicht mir ein Taschentuch. Ich schluchze wie ein kleines Kind, dem gerade das Meerschweinchen weggestorben ist. „Wir kaufen dir ein neues, versprochen." – „Hhmm, okay."

Es ist das erste Mal, dass ich den Vondelpark in seiner ganzen Länge zu Fuß durchquere. Abends, ich hab mich langsam beruhigt und Claudia eine herzzerreißende E-Mail geschrieben, in der ich ihr das Drama im Detail schildere (sie bietet mir daraufhin an, mich sofort aus dem kriminellen Moloch Amsterdam ausfliegen zu lassen), sitze ich mit meiner WG am Küchentisch, und meine Mitbewohner geben sich viel Mühe, mich aufzubauen.

„Ist nicht so schlimm, wirklich, ist schon ein Wunder, dass du das Rad fünf Monate hattest", tröstet mich Mathilde und stellt mir eine Tasse Tee hin. „Wusstest du, dass in Amsterdam jedes Jahr hunderttausend Fahrräder gestohlen werden?", erklärt mir Johan. „Hey, Bettina, sieh es doch mal positiv, regenpak, poffertjes und jetzt auch noch das Fahrrad geklaut, herzlichen Glückwunsch, jetzt gehörst du wirklich dazu!", stellt Willem die Sache in ein ganz neues Licht. „Darauf müssen wir anstoßen!" Toll, mir wird mein Rad geklaut und die Holländer haben nichts Besseres zu tun, als einen drauf zu trinken. Na dann, proost!

Einige Tage später. Es ist ein kühler Dienstag Ende September, und ich habe mir mittlerweile ein neues altes Fahrrad gekauft, schwarz, unscheinbar und ein bisschen seelenlos, und irgendetwas ist anders im Buchladen. Es dauert eine Weile, bis ich merke, dass ein Radio läuft, obwohl Klaas jede Art von Hintergrundgedudel ablehnt (außerdem stehen draußen auf dem Spui oft genug Straßenmusiker mit Drehorgeln, riesige Kästen, aus denen stundenlang fröhliche Musik scheppert, Touristen finden sie klasse, uns raubt sie auf Dauer den letzten Nerv). Aber das dudelt gar nicht, da hält eine Frau eine Rede. Als ich Maartje frage, was denn los sei, antwortet sie nur mit einem Wort: „Prinsjesdag."

Prinzchentag? Also jetzt will sie mich bestimmt veralbern! Erstens spricht da eine erwachsene Frau und kein ‚Prinzchen', und zweitens, ja also, was eigentlich? Am nächsten Tag klären mich die Tageszeitungen des Landes in dicken Schlagzeilen auf:

Selbst wer sich nicht dafür interessiert, wird zumindest an einem Tag im Jahr mit aller Macht daran erinnert, dass die Niederlande eine parlamentarische Monarchie sind, das heißt, Königin Beatrix zwar keinen Einfluss mehr auf den Staat und seine Politik hat, aber wenn sie das Wort erhebt, es doch gehört wird. Und am Prinsjesdag (das Wort kommt von einem männlichen Vorfahren), der jährlich am dritten Dienstag im September begangen wird, ist es so weit.

Königin Beatrix setzt einen ihrer prächtigen Hüte und ein ernstes Gesicht auf und hält im Auftrag der Regierung ihre Thronrede zur Eröffnung der parlamentarischen Saison. Darin erklärt sie ihren Untertanen, ob schwere oder weniger schwere Zeiten auf das Land zukommen, wo gespart werden muss, welche nationalen Probleme dringend angegangen werden müssen. Das ist zugegebenermaßen nicht sonderlich feierlich. Feierlich ist nur der Weg von Palais Noordeinde in Den Haag, dem offiziellen Arbeitsplatz von Königin Beatrix, zum eindrucksvollen Ridderzaal im Binnenhof, dem Sitz des Parlaments. Den legt die Königin nämlich in einer goldenen Kutsche zurück, begleitet von einer Garde in historischen Uniformen und zu Pferde. Die königliche Rede wird selbstverständlich auf allen Fernsehkanälen übertragen, und am nächsten Tag ist Beatrix' Foto durchgängig Aufmacher aller Blätter von Telegraaf bis NRC Handelsblad. Die Niederländer haben dann die Möglichkeit, sich über die Pläne der Regierung aufzuregen, ihnen zuzustimmen oder zu resignieren. Politisch weniger interessierte Menschen können unterdessen die Garderobe der Königin beurteilen, wobei besagte Hüte immer wieder gern kommentiert werden. Anhand ihrer Gesichtsfarbe können Rückschlüsse auf die Gesundheit Ihrer Majestät gezogen und es kann über den Zeitpunkt ihres Rücktritts spekuliert werden.

Und so ist der dritte Dienstag im September eine Art Startschuss für alle Niederländer, sich nach Ferien, Urlaub und Sommerfrische wieder dem Ernst des Lebens zuzuwenden, zur Schule zu gehen, Geld zu verdienen, dem Calvinismus zu frönen. Königin Beatrix wird ihrerseits wieder von der Bildfläche verschwinden, übers Jahr hier und da ein paar Hände schütteln, ein paar Kränze niederlegen, mit den Enkelkindern spielen und an ihren verstorbenen Mann Claus denken.

Der war übrigens wie Beatrix' Vater Bernhard Deutscher, Landadel aus Hitzacker, gebürtig Klaus-Georg Wilhelm Otto Friedrich Gerd von Amsberg. Beatrix traf ihn Silvester 1962 zum ersten Mal. Es war zu dieser Zeit, als die meisten Leute den Krieg noch in den Knochen spürten, schon mutig, als niederländische Kronprinzessin einen Freund mit nach Hause zu bringen, der Hitlerjugend und Wehrmacht hinter sich hatte. Aber nachdem das Parlament festgestellt hatte, dass Klaus' Biografie frei von Kriegsverbrechen geblieben war, ging man die Sache praktisch an und machte ihn kurzerhand zum Niederländer. Aus Klaus wurde Claus, aus von Amsberg wurde van Amsberg, und 1966 wurde in Amsterdam geheiratet, wenn auch unter Protesten aus den Reihen der Provos, der Studentenbewegung. Doch im Laufe der Jahre, in denen Claus zwangsläufig im Schatten seiner recht selbstbewussten Ehefrau stand, hatte er sich durch Diplomatie und Engagement vor allem in der Dritten Welt einen respektablen Stand beim niederländischen Volk erarbeitet, und als er 2002 starb, war die Trauer um Zijne Koninklijke Hoogheid Prins Claus der Nederlanden entsprechend groß.

Seitdem hat sich der Fokus des öffentlichen Interesses auf die nächste Generation verschoben. Allerdings zeichnet sich das niederländische Königshaus im Gegensatz zum englischen eher durch vornehme Zurückhaltung aus, jedenfalls was intime Details angeht. Seit Willem Alexander mit Máxima Zorreguieta verheiratet ist, sind nicht mal aus dieser Richtung

94

besondere Vorkommnisse zu vermelden. Zuvor galt Willem doch eher als etwas pummeliger, ungelenker Kronprinz, von dem einige glaubten, dass er nie eine feste Beziehung eingehen könne. Doch seit der Hochzeit im Jahr 2001 mit der argentinischen Dame, die äußerlich so gar nichts Lateinamerikanisches an sich hat und sich langsamer Hand zum Liebling der Nation mausert, läuft alles wie im Bilderbuch. Máxima schenkt Willem und dem niederländischen Volk eine Tochter nach der anderen – mittlerweile sind es drei, Catharina-Amalia, Alexia und Ariane –, Willem Alexander sieht mit Anfang vierzig endlich aus wie ein erwachsener Mann, und Oma Beatrix braucht sich um die Zukunft des Hauses Oranje-Nassau keine Sorgen zu machen.

Gerade siebzig geworden, wird sie wohl in absehbarer Zeit den Staffelstab an ihren Erstgeborenen weitergeben. Einzelheiten dazu sowie zu Garderobe und Gesundheitszustand des Nachwuchses können auch in Holland den einschlägigen Magazinen entnommen werden. Die heißen hier übrigens Libelle, Privé, Flair oder Viva, und wenn da nichts über Máxima oder Willem Alexander drinsteht, dann ganz sicher über Willems Brüder Johan Friso und Constantijn, ihre Frauen Mabel und Laurentien, Beatrix' Schwestern Irene und Margriet und alle weiteren nahen und fernen Verwandten. Wenn man aus einem monarchenlosen Land kommt wie ich, wirkt das auf den ersten Blick alles ein bisschen albern, das Bild der Königin, das in vielen öffentlichen Gebäuden hängt, die Ehrfurcht, die der Königsfamilie, vor allem auf dem Land, entgegengebracht wird, die Rufe von ‚Lang leve de Koningin!' an ihrem Geburtstag und die Menschenmengen überall, wo sie auftaucht. Andererseits ...

„Sie ist wie eine Verwandte, sie gehört einfach dazu", erklärt mir Johan, als ich ihn nach der Bedeutung der Königin frage. „Ich denke da nicht weiter drüber nach, aber wenn sie nicht da wäre, würde ich sie vermissen." Und Willem bringt es

auf den Punkt: „Irgendjemand muss den Laden ja zusammenhalten." Und das scheint Beatrix Wilhelmina Armgard, Königin der Niederlande, Prinzessin von Oranien-Nassau, Prinzessin zur Lippe-Biesterfeld, die immerhin eine studierte Rechts-
wissenschaftlerin ist, ganz gut zu gelingen. Wie gesagt, wenn
sie das Wort erhebt, wird sie gehört. Ob ihre Worte allerdings
Konsequenzen nach sich ziehen, steht auf einem ganz anderen Blatt.

Am Morgen des Samstags, an dem ich mit Jan für das Rijksmuseum verabredet bin, finde ich auf dem Küchentisch einen
Zettel von Mathilde. „Jan krank, Museum verschieben, Grüße."
Ich wähle Jans Telefonnummer, aber statt seiner meldet sich
eine Frau. „Met Jolanda van Diepen." – „Goede morgen, ich
wollte eigentlich Jan Sommers sprechen." – „Mein Vater liegt
im Krankenhaus. Mit wem spreche ich?" – „Hier ist Bettina,
die Mitbewohnerin von Mathilde." – „Ach ja, du." – „Ist etwas
Schlimmes passiert?" – „Herzinfarkt." – „Das tut mir leid." –
„Bettina, entschuldige, ich hab jetzt wirklich keine Zeit, mach's
gut, tot ziens."

Der Tag ist gelaufen, mein ältester Amsterdamer Freund
im Krankenhaus. Soll ich jetzt ohne ihn ins Rijksmuseum?
Nein, das wäre nicht fair, ich verbringe den Tag vor dem
Computer und melde mich bei meinen Berliner Freunden,
die wahrscheinlich schon gar nicht mehr wissen, wer ihnen
da schreibt. Dann bekomme ich plötzlich einen Anfall von
Heimweh und würde mich am liebsten in den nächsten Zug
nach Hause setzen, wenn ich nur noch wüsste, wo mein Zuhause ist.

Um mich abzulenken, gehe ich am Abend in mein Lieb-
lingskino am Rembrandtsplein, das Tuschinski, Jugendstil mit
Plüsch, sehr nett. Es läuft eine amerikanische Komödie, erst
geht alles schief, dann reden alle aneinander vorbei, aber am
Ende gibt es ein Happy End. Ich muss ein bisschen weinen.

Ein paar Tage später lande ich doch noch auf dem Waterloo-plein, dem Markt, den mir Lots eigentlich zeigen wollte. Ich lande dort, weil Maartje meint, wenn ich ein Geburtstagsge-schenk für Wim suche und wenn Wim auf alte Schallplatten steht, dann wäre der Waterlooplein eine gute Adresse. Recht hat sie, im Gegensatz zum Albert Cuyp ist der Markt am Waterlooplein spezialisiert auf Antikes, Trödel, Selbstgenähtes, Selbstgefärbtes, Selbstzusammengeschraubtes und eben alte Schallplatten. Eigentlich müsste ich Wim als Reminiszenz an unseren Ausflug in den Vondelpark eine Platte von De Dijk schenken, aber die Wahrscheinlichkeit ist hoch, dass er von denen schon alles hat. Also lasse ich mich ein bisschen durch die Reihen der Marktstände treiben und erstehe erst mal eine kleine gehäkelte Tasche, die ich wahrscheinlich Claudia zu Weihnachten schenken werde. Bei einem dünnen Mann in Lederkluft tauche ich schließlich in die Kartons mit den alten Platten ab, in der Hoffnung, dass mir bei Betrachtung der historischen Cover eine Eingebung kommt, was ich meinem Mitbewohner schenken könnte. Und dann fällt es mir wie Schuppen von den Augen. Na klar, das ist es! Ich frage den dünnen Mann in der Lederkluft, und er weist auf einen Karton in der hintersten Ecke seines Standes, auf dem mit großen roten Buchstaben Uitverkoop, Ausverkauf, geschrieben steht. Lauter Platten von Leuten, die kein Mensch kennt, na ja, fast jedenfalls. Denn dann halte ich tatsächlich in den Händen, wonach ich gesucht habe, das Cover ganz in Pink und statt eines Fotos nur ein lässiger schwarzer Schriftzug ‚Falco 3' und darunter ‚including Rock me Amadeus, Vienna Calling, Jeanny, America' und das ganze für sechs Euro. Wenn ich dazu noch ein paar Flaschen deutsches Bier besorge, müsste ich Wim da-mit eigentlich eine große Freude machen.

Bevor ich gehe, muss ich den dünnen Mann in der Leder-kluft aber noch fragen, was das für ein mächtiges modernes Gebäude gleich neben dem Waterlooplein ist. „Dat is de Stopera." – „Bitte was?" – „Sto-pe-ra. Kennst du nicht? Das heißt so, weil da das stadhuis, also unser Rathaus, und die opera, unser Musiktheater, drin sind." – „Ist ein ganz schöner Klotz, so zwischen den ganzen alten Grachtenhäusern, oder?" – „Wem sagst du das, ich hab damals auch protestiert, das war 1986, aber dann haben die einfach einen Zaun um die Baustelle gezogen und weitergemacht." – „Und jetzt musst du dir das Haus jeden Tag angucken." – „Nee hoor, ich komm nur drei Tage die Woche her, es soll ja auch nicht in Arbeit ausarten."

Als ich mich verabschiede, ruft er mir nach: „Viel Spaß mit Falco, ich dachte schon, die Platte werde ich überhaupt nicht mehr los!"

Anmerkungen zum september

[1] Das dritte Schlüsselwort, um im Niederländischen seine positiven Gefühle zu äußern, lautet übrigens *leuk*. *Leuk* bedeutet so viel wie nett, hübsch, reizend, schön, angenehm und man hört es ungefähr genauso oft wie *gezellig* und *lekker*.

[2] Der Calvinismus ist eine Variante des Protestantismus, die auf den Lehren von Johannes Calvin (1509–1564) beruht und in den Niederlanden, neben dem Katholizismus, besonders verbreitet ist. Nach der doppelten Prädestinationslehre Calvins hat Gott vorbestimmt, wer von uns Menschen für das ewige Leben in Frage kommt. Da wir nicht wissen können, ob wir zu den Auserwählten gehören, müssen wir uns im Leben bewähren. Wohlstand, der durch Arbeit und Fleiß entstanden ist, wird von einigen Calvinisten als Fingerzeig Gottes auf Erwählung gewertet.

oktober

WILLEM IST ZIEMLICH GERÜHRT, als ich ihm die Falco-Platte zu seinem Geburtstag überreiche. „Geweldig, großartig! Dass du daran gedacht hast." Zärtlich rammt er mir seine Faust in den Oberarm. „Und deutsches Bier! Nou nou nou, Betti, das sind die schönsten Geschenke, die ich heute bekommen habe." Hat der Mann eben Betti zu mir gesagt? Ich glaube, ich sollte in Zukunft weniger freundlich sein, sonst gibt er mir am Ende noch Kosenamen.

Die Geburtstagsfeier findet in Willems Lieblingskneipe am Noordermarkt statt, der Laden ist voll, obwohl Willem immer meint, er hätte gar nicht so viele Freunde. Mit Mathilde und Johan sitze ich in einer Ecke, und wir gähnen um die Wette. Johan, weil er in vier Wochen seine Arbeit abgeben muss und so gut wir gar nicht mehr schläft, ich, weil ich mich am Abend zuvor nicht von John Irvings ,Witwe für ein Jahr' trennen konnte (ein Roman, den mir Jeroen empfohlen hat, weil er teilweise in Amsterdam spielt), und Mathilde, weil sie unbedingt noch einen Kuchen für Willem backen wollte.

„Sag mal, Mathilde, ich hab das letztens nicht richtig verstanden, du durftest Willem früher mal Wim nennen und jetzt nicht mehr?" Mathilde stöhnt und winkt ab. „Ach los, erzähl, ich will das jetzt wissen." – „Da gibt es nichts zu erzählen. Als ich in unser Haus eingezogen bin, hab ich viel mit Willem gemacht, wir sind rumgefahren, er hat mich zu Konzerten in den Vondelpark geschleppt, hat mir die Roze Buurt gezeigt und ich musste mir seine Platten anhören. Irgendwann durfte ich ihn dann Wim nennen und ein paar Wochen später stand er nachts vor meinem Bett. Da hab ich ihn rausgeschmissen, und seitdem ist er eben wieder Willem." – „Und da bäckst du ihm noch einen Kuchen?" – „Du, die Geschichte ist drei Jahre her, ich bin nicht nachtragend und er ist ja ein netter Kerl." – „Aber kein lekker vent?" – „Ich weiß ja nicht, wie du das siehst, aber mein Typ ist er nicht."

„Wer ist hier lekker?" Wim, ähm, Willem, steht mit einem Tablett vor uns, auf dem ca. zwölf Gläser Bier stehen. „Du, wer denn sonst", sagt Johan, der besser den Mund gehalten hätte. „Die Frauen pokern gerade um dich." – „Nou zeg, und ich hab heute noch gar nicht geduscht."

Noch ehe wir uns zu diesem Sachverhalt äußern können, ist Wim schon umringt von einer Schar durstiger Freunde, die ihm außerdem ein Ständchen bringen, was auch ich mittlerweile mitsingen kann. „Lang zal hij leven, lang zal hij leven, lang zal hij leven in de gloria, in de gloria, in de gloria!"

Wann ich an diesem Abend ins Bett gekommen bin, kann ich nur noch daran ermessen, wie ich am nächsten Tag im Buchladen stehe. Zum Glück gibt es ein paar halbhohe Regale, auf die man sich ganz unauffällig stützen kann, wenn einen wieder eine Welle der Müdigkeit ergreift. Und zum Glück sind es vor allem Niederländer, die den Laden bevölkern, in meiner internationalen Abteilung ist es relativ ruhig.

„Hoi Bettina!" – „Marinus, was machst du denn hier?" – „Gemüse kaufen?" – „Ach so, Tomaten gibt's da drüben." – „Sag mal, willst du nicht mitkommen auf eine kleine historische Tour durch die Stadt? Ich bekomme Besuch von einem Freund aus England, der war noch nie in Amsterdam und will immer alles ganz genau wissen, so wie du, da wäre es doch schlau, wenn wir zusammen gehen." – „Klingt gut, wann denn?" – „Am Samstag. Komm einfach um elf zu mir, und zieh dir bequeme Schuhe an."

Das Wetter am Samstag meint es gut, die Herbstsonne glitzert auf der Wasseroberfläche der Grachten, als ich fünf vor elf vor Marinus' Haus stehe. Der öffnet mir die Tür und hat eine Zahnbürste im Mund. Hinter ihm taucht ein Mann auf, der sich die Augen reibt und mir dann die Hand hinhält.

„Hi, I'm Bruce." – „Nou zeg", nuschelt mich Marinus an: „Müsst ihr Deutschen immer so pünktlich sein? Komm rein, mach dir einen Tee, wir brauchen noch zehn Minuten." – „Ist wohl spät geworden gestern?" – „Keine Ahnung, hab nicht auf die Uhr geschaut." Ich mache mir einen Tee und setze mich an den Küchentisch. Auf dem stapeln sich Bücher und Papiere. In der ganzen Wohnung, Zimmer, Küche, Bad und Flur, stapeln sich Bücher und Papiere. Endlich stehen zwei frisch rasierte, durchaus gut aussehende junge Männer vor mir. „We gaan." – „Let's go."

Natürlich könnten wir auch mit dem Rad die Geschichte der Stadt erkunden, aber Marinus meint, zu Fuß würde man mehr sehen. „Wisst ihr überhaupt, warum Amsterdam Amsterdam heißt?" Bruce und ich sehen uns an, sehen Marinus an und schütteln den Kopf. „Wie heißt der Fluss, der durch Amsterdam fließt?" – „Die Amstel?" – „Precies, und an der Mündung der Amstel ins IJ, ihr wisst schon, da, wo jetzt der Hafen liegt, da wurde im 13. Jahrhundert ein Damm angelegt." – „Aha, verstehe, Amstel plus Damm gleich Amstel-Damm." – „Genau, erst hieß die Siedlung tatsächlich Amstelledam, später Amsteldam, und weil der Holländer den Mund nicht richtig aufbekommen hat, wurde eben Amsterdam daraus."

„How about Mokum?" Oha, Bruce, den hatten wir bei unserem Geplauder fast vergessen. „I've heard something about Mokum." Marinus nickt. „Stimmt, der eingeborene Amsterdamer nennt seine Stadt auch gern Mokum, das ist Hebräisch und heißt Stadt. Es gab immer viele Juden in der Stadt, die haben das eingeführt, ist so eine Art Kosename." – „Den hat die NSB aber sicher nicht benutzt." Ich versuche, mit meinem angehäuften Wissen zu glänzen. „Heel goed, Bettina, sehr gut! Du hast also schon von den Schattenseiten der niederländischen Geschichte erfahren. Ein weites Feld, wenn du mich fragst."

Dann läuft Marinus mit uns über Spui und Dam zu einer Straße, in der die Geschäfte Fun City Souvenirs, Shirtfactory, Legend Jeans oder Front Runner Nederland heißen und wo man normalerweise nur auf Schnäppchenjagd geht. Als wir vor dem Free Record Shop stehen, aus dem eine Art Musik dröhnt, hat es Marinus schwer, sich stimmlich dagegenzustemmen. „Und hier steht die Wiege von Amsterdam." – „Excuse me?" – „Wie bitte?" Marinus zieht uns weiter vor einen weniger lauten Schuhladen. „Hier steht die Wiege von Amsterdam, der Nieuwendijk. Genau hier standen die allerersten Häuser der Stadt."

Wir laufen durch eine kleine Gasse zum Damrak, der Verbindung von Dam und Centraal Station, dem Hauptbahnhof. „Hier, das war früher alles Wasser, und links und rechts davon waren Dämme aufgeschüttet, und darauf wurde gebaut." Bruce zieht einen Stadtplan aus seiner Jackentasche. „Let me see." Zu dritt suchen wir mit den Fingern den Hauptbahnhof. Marinus findet ihn natürlich als Erster. „Hier, seht ihr, wenn ihr aus dem Bahnhof lauft, immer geradeaus, kommt ihr von selbst auf den Damrak, der war, wie gesagt, früher auch eine Gracht, ein Kanal, und von da aus hat sich die Stadt immer weiter ausgebreitet." – „Sieht von oben aus wie ein Spinnennetz." – „Oder wie Jahresringe von einem Baum, in der Mitte die ältesten Ringe, und dann kamen immer wieder neue dazu." – „Der Grachtengordel!" – „Precies! Bettina, du merkst aber auch alles." – „Tja."

„Und hier hinten, siehst du, zwischen Nassaukade und Prinzengracht, liegt der Jordaan." – „Kenn ich." – „Da haben die Leute gewohnt, die das alles gebaut haben und von überallher kamen. Amsterdam war nämlich schon immer voll von Menschen aus aller Herren Länder, deshalb auch die Legende von der toleranten Stadt." – „Meinst du, das ist nur eine Le-

102

gende?" – „Na ja, darüber müssen wir uns noch mal in Ruhe unterhalten."

„How about coffee?" Oha, Bruce, den hatten wir ganz vergessen. „I think I need a break." Wir überqueren einmal den Damrak, wo mittlerweile keine Schiffe, sondern Fahrräder, Autos und Straßenbahnen kreuzen. Wir laufen vorbei an der Beurs van Berlage, der ehemaligen Börse (mit dem alles überragenden Glockenturm, erbaut um 1900 vom Architekten Berlage), in der heute Ausstellungen und Veranstaltungen stattfinden. Wir laufen vorbei am KaDeWe von Amsterdam, dem Kaufhauf De Bijenkorf, das nur ein paar Jahre jünger ist als die Börse und in dem es tatsächlich immer wimmelt wie in einem Bienenkorb. Schließlich landen wir in der Warmoesstraat, dem östlichen Gegenstück des Nieuwendijk. Hier ist es weniger geschäftig, es gibt ein paar Cafés und Coffeeshops, und die Roze Buurt, die ganz in der Nähe beginnt, lässt schon grüßen.

Vor einem Café stehen ein paar Tische, und weil es die Sonne gut mit uns meint, setzen wir uns zum obligatorischen Touristengedeck aus appeltaart und koffie verkeerd dahin, wo vor ungefähr achthundert Jahren auch schon Leute saßen, wahrscheinlich nicht so komfortabel wie wir, aber immerhin, der Ort atmet Geschichte.

„Man würde es ja nicht glauben, aber das hier war mal eine der reichsten Straßen der Stadt." Marinus blättert in einem kleinen Buch von Geert Mak, dem Geschichtslehrer der Nation. Der hat so etwas wie eine Biografie der Stadt, ‚Een kleine geschiedenis van Amsterdam', geschrieben, die auch neben meinem Bett liegt, nur bin ich leider noch nicht sehr weit gekommen. „Hat das was mit dem ‚Goldenen Zeitalter' zu tun?"– „Ja, zeker." Marinus blättert weiter. „Warum war das eigentlich so golden?" – „Weil da alle Weichen für diese prächtige Stadt gestellt wurden. Amsterdam befreite sich von der Herrschaft der Spanier, die damals, im 17. Jahrhundert, halb Europa im

Griff hatten, die Niederländer wurden zu einer Weltmacht, haben sich diverse Kolonien erobert, im Land blühten Kunst und Wissenschaft, die Reformation setzte sich durch. Ich kann dir sagen, der Holländer strotzte damals vor Selbstbewusstsein, dem gelang plötzlich alles." – „Und alles, was er anfasste, wurde zu Gold." – „So ungefähr."

„How about a walk to that church over there?" Oha, Bruce, den hatten wir ganz vergessen. Doch Bruce ist ein sehr geduldiger Engländer, Marinus und ich wiederholen abwechselnd die Hauptgedanken unserer historischen Erkundungen ins Englische und er lächelt dazu. Aber richtig, die Kirche. Am Dam, gleich neben dem Königspalast, der ebenfalls in besagtem Goldenen Zeitalter als Rathaus errichtet worden war und erst später zum Palast wurde, steht die Nieuwe Kerk, die Neue Kirche, gleiches Zeitalter, gleicher Architekt. Aber Kirchgänger werden enttäuscht, denn Gottesdienste wurden hier schon lange nicht mehr abgehalten. Stattdessen finden große Ausstellungen statt und hin und wieder ein Konzert. Marinus dreht sich vor der Kirche eine Zigarette und schaut uns fragend an. „Könnt ihr noch? Von hier ist es nicht weit zum Anne Frank Huis, also wenn ihr wollt ..." – „Why not." – „Okay."

Wir laufen einmal um den Palast, Richtung Rozengracht, vorbei an der Westerkerk mit dem Westertoren, dem Turm, der auch in Anne Franks Tagebuch vorkommt, und biegen dann rechts in die Prinsengracht. Im Sommer erkennt man das Anne-Frank-Haus schon von weitem an der Schlange von Touristen, die davor steht. Der Ansturm ist seit der Eröffnung 1960 ungebrochen und wurde sogar von Jahr zu Jahr größer, deshalb steht neben dem alten Haus, in dem Anne und ihre Familie lebten, seit 1999 ein Neubau mit Kasse, Buchladen und Café. Wir müssen zum Glück nicht lange warten und stehen bald in den Räumen im Hinterhaus, die nur über eine schmale Stiege zu erreichen sind. Marinus schaut aus dem Fenster auf den Hinterhof, wo eine Kastanie steht.

„Schau mal, über die hat Anne Frank auch geschrieben, und vor kurzem wäre sie fast gefällt worden." – „Warum das denn?" – „Der Baum war krank. Irgendwelche Baumpilze. Ich kann dir sagen, das war wochenlang Thema: Muss die Anne-Frank-Kastanie fallen? Aber dann haben ein paar Baumexperten es geschafft, sie zu retten, und nun steht sie immer noch."

Lange können wir nicht bleiben, hinter uns drängen schon die nächsten Besucher, ein italienische Familie. Draußen bleiben wir noch mal vor der Westerkerk stehen. „Hier liegt übrigens Rembrandt, apropos, warst du eigentlich mittlerweile im Rijksmuseum?" O Gott, Jan Sommers, den habe ich total vergessen. „Nein, bis jetzt nicht." In Gedanken bin ich noch bei Anne Frank. „Kein Wunder, dass die Deutschen nicht die beliebtesten Nachbarn der Niederländer sind." – „Nun mach dir mal keine Gedanken, wir können schon ganz gut unterscheiden zwischen Geschichte und Gegenwart." – „Außer beim Fußball." Marinus tut so, als hätte er mich nicht gehört, aber seine Mundwinkel zucken verdächtig. Wir laufen die Rozengracht hinauf und biegen dann links in den Jordaan, auf der Suche nach einem weiteren Café.

„Ja und dann? Wie ging es nach dem ‚Goldenen Zeitalter' weiter?" Wir finden Platz in einem Bistro in der Bloemgracht. „Dann kam Napoleon. Der hatte Ende des 18. Jahrhunderts den Hafen geschlossen, einfach so. Herzstillstand sozusagen. Es dauerte fast hundert Jahre, bis sich die Stadt davon erholt hat, denn die Karawane ist natürlich längst weitergezogen, der Hafen von Rotterdam ist mittlerweile Dreh- und Angelpunkt der niederländischen Wirtschaft. Aber mit der Industrialisierung berappelte sich auch Amsterdam wieder." Mit einem Blick auf Bruce, der uns aufmerksam zuhört, aber kein Wort versteht, frage ich Marinus, ob wir den Rest der Geschichtsstunde nicht lieber vertagen wollen, und Marinus nickt.

„Du arbeitest doch in einem Buchladen. Dann kennst du sicher Thomas Rosenboom?" – „Schon mal gehört, schreibt

105

der nicht so Historienschinken?" – „Also bitte, ein bisschen mehr Respekt vor unseren Erfolgsautoren." – „Ja, und was ist mit dem?" – „Der hat ein Buch geschrieben, ‚Publieke werken' bzw. ‚Neue Zeiten', da geht es genau um diese Zeit, die Wende vom 19. zum 20. Jahrhundert in Amsterdam. Das ist richtig spannend, ich kann dir das sowieso nicht alles erzählen, mein Mund ist schon ganz trocken." – „Ich weiß, was da hilft." – „Ach ja, was denn?" – „Herr Ober, drei Bier bitte!"

Dieses Buch, ‚Publike werken' von Thomas Rosenboom, habe ich mir gleich bestellt, auch wenn ich weiß, dass ich die vielen Bücher, die sich jetzt schon bei mir stapeln, nie im Leben alle lesen werde. Allein Maartje drückt mir jede Woche drei Bände in die Hand und sagt jedes Mal denselben Satz: „Schau mal, hier geht es um Amsterdam, das könnte dich interessieren." Dabei bin ich nicht hergekommen, um eine Doktorarbeit zu schreiben. Aber wahrscheinlich meint sie es nur gut mit mir. Genau wie Jan Sommers, den ich jetzt endlich anrufe. Als ich die Nummer wähle, erreiche ich schon wieder Jolanda und rechne mit dem Schlimmsten, aber es kommt anders. „Hoi Bettina, wie schön, dass du anrufst, nein, nein, alles so weit in Ordnung, ich war gerade für den Herrn Papa einkaufen, er sitzt hier neben mir." Der Hörer wird weitergegeben. „Goede middag, Bettina, wie geht es dir?" – „Was für eine Frage, zuerst will ich wissen, wie es dir geht." – „Großartig, es ging mir nie besser." – „Aber du hattest einen Herzinfarkt." – „Ja und? Ist alles wieder gut, und bis zum Rijksmuseum schaffe ich es allemal." Jolanda ruft aus dem Hintergrund, dass er es nicht übertreiben soll. „Wann hast du Zeit, Samstag?" – „Um eins?" – „Prima, een uur!"

Und weil es am Samstag regnet, trage ich auf dem Weg zum Museum meinen kleidsamen orangefarbenen Regenanzug, in der Hoffnung, auch Jan Sommers würde so ein Ding tragen, aber was macht dieser ältere Herr, gerade frisch aus dem Krankenhaus entlassen? Er kommt in seinem besten Anzug einhändig angeradelt und balanciert in der anderen Hand einen großen blauen Regenschirm.

„Mensch Jan, so nass, wie die Straßen sind, gerätst du noch in eine Straßenbahnschiene!" – „Goede middag, das ist ja eine sehr nette Begrüßung, meine liebe deutsche Dame." Jan steigt vom Rad, wirft mir drei feuchte Küsse auf meine Wangen und schüttelt seinen Schirm in meine Richtung aus. „Du weißt doch, der Holländer an sich kann besser radfahren als laufen, ich bin dafür das beste Beispiel."

Wir gehen hinein ins Museum, wo ein babylonisches Sprachgewirr die Eingangshalle erfüllt. Eine Million Menschen im Jahr stürmen die über zweihundert Säle im größten Museum der Niederlande. Und obwohl es ein Museum für Kunst und Geschichte ist, kommen die meisten Leute nur wegen eines Mannes: Rembrandt Harmenszoon van Rijn.[1] Und weil die Leute entweder besonders wählerisch oder besonders ignorant sind, laufen die meisten nur in eine Richtung, nämlich zu Rembrandts berühmtestem und größtem Bild ‚De Nachtwacht', ‚Die Nachtwache'. Und Jan will mir wohl einen Gefallen tun, weshalb auch wir wie die Herdentiere zunächst in Richtung Großkunst laufen.

Ich persönlich kann mit diesen alten Schinken ja nicht so viel anfangen, ist mir alles ein bisschen zu düster und zu pathetisch. Aber ich gucke erst mal sehr interessiert, bis Jan endlich sagt: „Mein Fall ist er ja nicht so, der alte Rembrandt. Komm mal mit, ich zeig dir was Besseres." Und er schiebt mich weiter in einen weniger überlaufenen Saal. „Hier, das ist mein Held." Wir stehen vor einem kleinen Bild mit einer jungen Dame in einem blauen Gewand, die einen Brief liest. Dem Schild neben dem Bild entnehme ich den originellen Titel ‚Briefleserin in Blau'. „Vermeer ist dein Held?" Jan bekommt einen melancholischen Blick. „Allerdings. Dieses Licht, diese scheinbare Unschuld. Das hat keiner vor ihm und keiner nach ihm jemals wieder so eingefangen."[2]

Ja, also wenn ich es genauer betrachte, Jan hat recht, da ist etwas, was von dem Bild ausgeht, ein Sog, den die wohl-genährten Herrschaften auf Rembrandts Bildern nicht un-bedingt auslösen. Wir spazieren noch ein bisschen durch die Räume, und es stellt sich heraus, dass Jan ein wandelndes Kunstlexikon ist, er kann wirklich zu jedem Bild etwas sagen. Am Ende bin ich die Erste, die gähnt, was mir peinlich ist, schließlich bin ich vierzig Jahre jünger als mein Begleiter und mein Herz ist auch gesund, jedenfalls organisch. „Du hast recht, lass uns eine Pause einlegen, das ganze Museum schafft man sowieso nicht an einem Tag."

Im Museumsshop kaufe ich mir mal wieder ein Buch, ‚100 Golden Age Paintings'. Jan muss mir versprechen, dass wir noch mal wiederkommen, und ich erinnere mich daran, was Jan alles aufgezählt hatte.

„Was ist eigentlich mit dem Amsterdam Historisch Mu-seum, dem Tropen Museum, dem van Gogh Museum, dem Stedelijk?" – „Du, ich hab Zeit, wenn du willst, können wir jeden Samstag woanders hingehen." – „Im Prinzip gern, aber vielleicht sollte ich mich auch hin und wieder dem lebenden Amsterdam widmen". Jan guckt mich an, als wenn ich ihn persönlich beleidigt hätte. „Meine liebe deutsche Dame, du hast ein Jahr Zeit für diese Stadt, da wird doch der eine oder andere Nachmittag für einen alten Freund abfallen. Und da ich dich nur sehr ungern in Kneipen und Tanzschuppen be-gleite, musst du mit mir eben ins Museum, keine Widerrede!"

Für jemanden, der gerade einen Herzanfall hatte, ist Jan Sommers ganz schön resolut, aber schließlich will ich ja nicht an einem Rückfall schuld sein, und deshalb nicke ich bloß und frage mich, welche Tanzschuppen der Mann meint. Ge-tanzt habe ich das letzte Mal in Berlin, als da die Welt noch in Ordnung war und Amsterdam ein ferner Ort.

Anmerkungen zum oktober

1 Rembrandt (1606–1669) gilt als der wichtigste niederländische Maler des Goldenen Zeitalters. Schon zu Lebzeiten war er so berühmt, dass er von seiner Kunst in Wohlstand leben konnte. ‚Die Nachtwache' heißt eigentlich ‚Die Kompanie des Frans Banning Cocq' und stellt eine Bürgerwehr im 17. Jahrhundert dar, die sich zusammengefunden hat, um Widerstand gegen die spanischen Eroberer zu leisten. Rembrandt malte das Bild im Auftrag der Amsterdamer Schützengilde. Mehr über Rembrandts Leben erfährt man im *Rembrandthuis* in der Jodenbreestraat.

2 Jan Vermeer van Delft (1632–1675) ist ebenfalls ein berühmter Maler des Goldenen Zeitalters, man nennt ihn auch die ‚Sphinx von Delft', wegen seiner rätselhaften Farbgebung und des Lichts, das er in seinen Bildern eingefangen hat. Anders als Rembrandt wurde der Wert von Vermeers Bildern (es sind nur 34 Bilder erhalten) erst lange nach seinem Tod erkannt. ‚Das Mädchen mit dem Perlenohrgehänge' gilt als das bekannteste Werk Vermeers, es war Inspiration für einen Roman von Tracy Chevalier, der 2003 mit Scarlett Johansson verfilmt wurde.

november

JOHAN IST GLÜCKLICH, Johan ist heiter, Johan ist froh. Endlich hat er sein scriptie, seine Magisterarbeit, abgegeben und dazu hat er noch das Gefühl, dass er alles, aber auch wirklich alles, über Herrn Huizinga, den berühmten Kulturhistoriker, aufgeschrieben hat, was ihm wichtig erschien, immerhin hat er zweihundert Seiten damit gefüllt.

Und damit wir an Johans Glück teilhaben können, lädt er uns, was für ein Zufall, in einen Tanzschuppen ein, und zwar am 2. November, das ist, was für ein Zufall, auch noch der Vorabend meines Geburtstages. Der Tanzschuppen ist natürlich kein Schuppen, sondern ein weiteres Grachtenhaus, und zwar das Odeon an der Singelgracht. Das Haus, erbaut 1662, war erst eine Brauerei, später ein Konzert- und Theatersaal und ist seit einigen Jahrzehnten mit Jazzkeller, Disko und einigen Bars so populär, dass auch schon Elton John, David Bowie und Lou Reed hier gesehen wurden. An besagtem Abend sind die aber anderweitig unterwegs, und ich kenne niemanden außer meinen Freunden. Johan ist der Erste auf der Tanzfläche und hüpft darauf herum, als wenn er die letzten Monate komplett von sich abschütteln wollte. Willem hat schon wieder einen Bekannten getroffen, und ich stehe mit Mathilde an der Bar. Wir nippen an einem sehr grünen Getränk, das die Karte als cocktail van de maand, also als ‚Cocktail des Monats‘ ausgewiesen hat.

„Jetzt kann man hoffentlich wieder normal mit Johan reden", sagt Mathilde, „so wortkarg wie in den letzten Wochen habe ich ihn vorher nie erlebt". – „Hat Johan eigentlich auch schon mal neben deinem Bett gestanden?" – „Ja hoor", sagt

sie, „er war betrunken und hatte sich in der Etage geirrt." –
„Na das ist ja nicht schwer, sieht ja auch in jedem Stock gleich
aus. Sag mal, kennst du eigentlich den Zappelphilipp?" – „Den
was?" – „Na den Zappelphilipp aus dem ‚Struwwelpeter'?" –
„Nie gehört." – „Schade, ich dachte nur, weil Johan mich an
den erinnert, so wie er da ganz alleine tanzt." – „Du, er muss ja
nicht alleine bleiben." Mathilde zieht mich auf die Tanzfläche
und ich bin plötzlich ganz froh, dass ich niemanden kenne
außer meinen Freunden.

Gegen Mitternacht, ich stehe gerade an der Bar, um mir,
tanzen macht durstig, ein Wasser zu bestellen, tippt mir jemand von hinten auf die Schulter, und als ich mich umdrehe,
stehen da Willem, Johan und Mathilde mit Wunderkerzen und
singen: ‚Lang zal ze leven, lang zal ze leven' usw., und im selben Moment legt der DJ ‚Happy birthday to you' von Stevie
Wonder auf. Und dann klingelt auch noch mein Handy,
Claudia ist dran und fängt ebenfalls an zu singen. Ist das
schön! Ich werde geherzt und geküsst, und dann zieht Johan
mich zurück auf die Tanzfläche, drückt mich fest an sich und
lässt mich gefühlte zwanzig Minuten nicht wieder los. Als er
dann auch noch anfängt, mir an den Haaren herumzuspielen
und mir zwischendurch bedeutungsschwere Blicke zuzuwer-
fen, weiß ich nicht, ob das am Alkohol oder an der Erschöp-
fung liegt. Leider bin auch ich nun ziemlich erschöpft, sodass
ich Johan nur schwer loslassen kann und wir schließlich Arm
in Arm nach Hause laufen.

Im Buchladen erwarten meine Kollegen mich am nächsten
Tag mit einem Kuchen, Blumen und einer bunten Girlande
quer durch die Abteilung international literature. Ich bin gerührt und lade sie zu meiner Geburtstagsfeier am nächsten
Samstag ein.

Erst wollte ich niemanden einladen, Geburtstage machen
mich immer so melancholisch, aber dann dachte ich, das wäre

111

doch eine gute Gelegenheit, Bergfest zu feiern, schließlich bin ich jetzt ziemlich genau ein halbes Jahr in Amsterdam und das hätte ich wohl ohne die Menschen, die ich bisher getroffen habe, nicht so leicht überstanden. Schon verrückt, wie schnell man woanders heimisch werden kann, wenn man nur ein paar Leute um sich hat, denen man mal eine dumme Frage stellen kann und die sich nicht wundern, wenn man mal vom Fahrrad fällt.

Am Samstag stehe ich extra früh auf, denn ich habe viel vor. Von meiner Mutter habe ich mir das Rezept ihres ultimativen Kartoffelsalates schicken lassen, Claudia ist für mich extra losgezogen, ein paar schwarz-rot-goldene Girlanden und Fähnchen sowie eine CD ‚Best of Neue Deutsche Welle‘ zu besorgen und mir zu schicken, ich muss Hackfleisch für ca. fünfzig Buletten und deutsches Bier einkaufen. Meiner WG habe ich verboten, mir zu helfen, aber Marinus kommt mit einem bakfiets vorbei, das ist ein Fahrrad, wo vorn ein großer Kasten dranmontiert ist, sehr praktisch zum Transport von Kleinkindern, Hunden und eben Bierkästen.

Gegen sieben stehen die ersten Gäste in der Tür, Joop und Lots, Küsschen, Küsschen, Küsschen, Joop mit einem Wagenrad Gouda und Lots mit einem Apfelkuchen, dessen Duft bald in der ganzen Küche steht. Wenig später kommt Jan Sommers und überreicht mir ein kleines Ölgemälde, abstrakt, viel Farbe, ohne Titel. „Meid, vielen Dank für die Einladung, ich hoffe, du hast es nicht bereut, nach Amsterdam gekommen zu sein, hartelijk gefeliciteerd!“

Küsschen, Küsschen, Küsschen. Ich öffne die erste Flasche Müller-Thurgau, mache Jan mit Joop und Lots bekannt, und weil Joop Arzt, Lots Lehrerin und Jan Ex-Psychiater ist, haben sie auch bald ein Thema gefunden, soweit ich es mitbekomme, geht es um den Zusammenhang von Bildungsstand und Fettleibigkeit bei jugendlichen Migrantinnen, na Hauptsache, keiner langweilt sich. Mittlerweile klingelt es alle zehn Minuten an der Tür, und es scheint so, als wenn wirklich alle meiner Einladung gefolgt seien. Meine Kollegen Maartje, Klaas und Jeroen kommen mit einem ziemlich großen Paket.

„Unsere Lieblingsromane, auf Holländisch, falls du in Berlin mal Heimweh nach Amsterdam kriegst." – „Hartelijk bedankt! Ihr denkt ja schon ziemlich weit voraus." – „Na ja, Geburtstag hast du hier ja nur einmal, oder?" Klaas schaut sich suchend um. „Gibt's Schnitzel?" – „Nein, aber Buletten!" – „Jeroen, hast du gehört? Es gibt Buletten. Kann ich dazu ein echtes deutsches Bier haben?" – „Fühl dich wie zu Hause!"

Mittlerweile ist die Küche so voll, dass ich gar nicht mehr bis zur Tür komme und immer der öffnet, der dem Eingang am nächsten steht. Marinus kommt mit einer Flasche Bessen-Jenever. „Hier, für dich, Mädchen-Schnaps." Er grinst und dreht sich eine Zigarette. „Wie, Mädchen-Schnaps?" – „Na ja, von dem echten Jenever, des Holländers liebster Spirituose, kriegst du nur einen Hustenanfall, der hat 35 Prozent, aber der hier ist mit Johannisbeeren versüßt, echt lekker! Das Lieblingsgetränk aller meiner Tanten." Schön, dass Marinus an meinem Geburtstag an seine Tanten denken muss, die mir wahrscheinlich durch die Bank zwei Generationen voraus sind. „Du, Marinus, habe ich dir eigentlich schon gesagt, dass du deine grauen Schläfen mal nachfärben solltest, sonst nimmt man dir den Doktoranden auch bald nicht mehr ab."

Seine Antwort verstehe ich nicht mehr, weil von der Treppe ein großes Rumoren zu hören ist. Und dann stehen plötzlich drei mir vollkommen unbekannte Männer in der Küche, einer mit Gitarre, einer mit Klarinette und einer mit Violine, und hinter ihnen winkt mir meine komplette WG zu und bittet Willem mit lauter Stimme um Ruhe. „Stilte, mensen, stilte alstublieft! Wir wollen Bettina ein Ständchen bringen an ihrem Ehrentag. Jungs, haut rein!" Und dann singt meine WG ziemlich sauber und fast akzentfrei ein deutsches Lied, das ich verdammt lange nicht mehr gehört habe, das mir aber nach den ersten Takten sehr vertraut ist. Und sogar einigen meiner Gäste scheint es so zu gehen, denn, auch wenn sie den Text nicht im Kopf haben, die Melodie summen sie mit. „Hast du etwas Zeit für mich, dann singe ich ein Lied für dich, von 99 Luftballons auf ihrem Weg zum Horizont ...“

Die Begleitung mit Gitarre, Klarinette und Violine ist sehr apart (später erfahre ich, dass es die einzigen Musiker in Johans Freundeskreis sind), und ich muss jetzt dringend noch mal den Kartoffelsalat durchrühren, damit die anderen nicht sehen, dass mir die Augen feucht werden. „Zakdoekje? Taschentuch?“ Einer hat es doch gesehen. Jan Sommers hält mir ein riesiges Stofftuch hin, das nach Seife riecht. „Sind wirklich nett, deine Mitbewohner. Hast du Glück gehabt. Es gibt nämlich auch in Amsterdam Idioten.“ Ich schniefe ein bisschen und versuche zu lächeln. „Ach, das glaube ich nicht.“ – „Na denk doch nur mal an den Fahrraddieb.“ Ja, stimmt, den hatte ich schon fast vergessen. Jan schaut in die Runde, dann fährt er sich durchs Haar, drückt den Rücken durch und räuspert sich. „Sag mal, wer ist denn diese adrette Dame da drüben, die mit dem Dutt und dem bunten Kleid?“ – „Das ist Nettie, meine Niederländisch-Lehrerin. Wenn du willst, stell ich sie dir vor.“ – „Lass mal, das krieg ich schon noch alleine hin. Wo stand noch mal der Wein?“

„Bettina, wo bist du, du musst eine Rede halten.“ Mathilde zieht mich zurück in die Mitte der Küche und zwingt mich, mich auf einen Stuhl zu stellen. Und als wenn ich die Botschaft noch nicht verstanden hätte, ruft Willem von hinten: „Speech, Betti, speech!“ – „Also gut“, ich muss mich erst mal sammeln und räuspere mich. „Lieve mensen, liebe Freunde, ich bin jetzt seit einem halben Jahr in dieser Stadt ...“

Applaus.

„... und wenn ich ehrlich sein soll, es ist schon gar nicht schlecht hier. Nein, also, was ich sagen will, eigentlich ist es sogar sehr schön, ich meine, wenn ein bisschen mehr die Sonne scheinen würde, na ja, und so einen deutschen Bäcker, den könntet ihr auch ganz gut vertragen. Wie gesagt, schön, dass ihr alle da seid, lang leve de koningin, das Buffet ist eröffnet."

Ich steige von meinem Stuhl, Joop kommt zu mir und hat schon einen Teller mit Kartoffelsalat und Bulette in der Hand. „Smullen, meid, echt smullen!" (Ist ein Kompliment und heißt so viel wie: ‚Schlemmen, Mädchen, wirklich schlemmen ist das.') Lots stellt sich zu uns. „Na du bist ja schon ganz schön holländisiert." – „Warum?" – „Ich zitiere: ‚Es ist schon gar nicht schlecht hier.' Von euch Deutschen ist man schließlich etwas mehr Pathos gewöhnt." – „Ach was." – „Doch, doch, die Deutschen, die ich kenne, die leben nach der Devise ‚himmelhoch jauchzend, zu Tode betrübt', dazwischen kennen die nichts." – „Und was ist eure holländische Devise?" – „Die lautet: ‚Doe maar gewoon, dat is al gek genoeg.'" Die freie Übersetzung hiervon lautet: ‚Bleib mal auf dem Teppich, das ist schon verrückt genug.' Und ich soll nach dieser Devise leben? Na ja, so schlimm finde ich das jetzt auch wieder nicht, himmelhoch gejauchzt habe ich in meinem Leben genug, und zu Tode betrübt war ich auch schon öfter, das letzte Mal ist gar nicht so lange her.

Auf dem Weg zum Buffet begegnet mir Willem, der gerade von der Musikanlage kommt und meine ‚Best of Neue Deutsche Welle'-CD gegen eine ‚Best of De Dijk'-CD ausgetauscht hat. „Du, Betti, nichts für ungut, aber die Jungs machen einfach mehr Stimmung." Na, wenn er meint. Ich will weiter zum Buffet. „Und du, Betti, ich hab hier noch was für dich." – „Willem, könntest du mich bitte nicht mehr Betti nennen?" – „Aber warum denn nicht, ist doch niedlich." – „Willem, ich bin keine zwölf mehr, und ich bin auch nicht niedlich." Mein Mitbewohner schaut mich an wie ein Hündchen, das in den Regen gekommen ist. „Ach so, na, dann wird dir mein Geschenk bestimmt auch nicht gefallen." Er hält mir ein kleines Päckchen hin und ich bereue meine Vorwürfe schon. „Was ist es denn?" – „Sag ich nicht."

Ich löse die rosa (!) Schleife, die das Päckchen zusammenhält, und halte einen Moment später eine CD in der Hand. ‚Herman van Veen. Carré. 2000'. Der Held meiner Jugend live aus dem Amsterdamer Theater Carré. Leider ist jetzt fast kein Kartoffelsalat mehr da, den ich umrühren könnte. Aber ich hab noch Jans großes Taschentuch und tue so, als wenn ich mir die Nase putzen müsste. „Danke Wim, das ist ein sehr schönes Geschenk, und wenn du mich unbedingt Betti nennen musst, dann tu es eben." – „Zie je wel, geht doch."

Willem scheint nicht besonders beeindruckt, jedenfalls interessiert ihn seine Bulette schon wieder mehr als meine Rührung. Die Fleischbälle gehen buchstäblich weg wie warme Semmeln. Zum Glück haben meine Sprachkursfreunde Kenzo, Lucia und Joel eine große Schüssel bitterballen mitgebracht, die wir im Ofen nur noch warm machen müssen. Als ich diese Dinger das erste Mal essen sollte, es war Mathildes Idee gegen den kleinen Hunger, war ich sehr skeptisch. Bräunliche tischtennisballgroße Kugeln, frittiert und mit einer festen Schale, die eine Art Fleischragout enthalten und die man mit Senf isst. Sehr speziell, aber gar nicht so schlecht als Imbiss zwischendurch oder als Partysnack, zumindest, wenn man nicht satt werden muss davon. Außerhalb der Niederlande werden bitterballen nicht serviert, was wahrscheinlich genauso wenig tragisch ist wie die Tatsache, dass in den Niederlanden die pfälzische Wurstsuppe weitgehend unbekannt ist.

Trotzdem, man kann sogar niederländische Fleischbällchen mit Bedeutung aufladen, wenn man, wie es der in Holland berühmte Kabarettist und Sänger Toon Hermans einmal getan hat, einfach behauptet: ‚Het leven is een bitterbal', das Leben ist ein Bitterball. Ein Ethnologe würde daraus wahrscheinlich schnell schließen: Der niederländische Humor ist genauso deftig wie die niederländische Küche – und recht hätte er.

Am Ende scheinen sich alle ganz gut zu amüsieren, ob nun mit oder ohne Bulette, mit deutschem Beck's oder Grolsch, dem einzigen holländischen Bier, das nach deutschem Reinheitsgebot gebraut wird (man will gar nicht wissen, was in den anderen Sorten drin ist). Musikalisch folgt auf De Dijk der unvermeidliche André Hazes, aber da sich alle sehr angeregt miteinander und übereinander unterhalten, ist es fast egal, in welcher Sprache und auf welchem Niveau wir berieselt werden.

Schließlich kommt es aber doch noch zu einem Zwischenfall. Joop und Johan, eigentlich beide recht friedliche Zeitgenossen, sind irgendwie auf das Thema Sterbehilfe gekommen, und dummerweise ist Johan, der bekennende Katholik, da ganz anderer Meinung als Joop, der leidenschaftliche Befürworter des selbstbestimmten Sterbens, wie er es nennt. Als mir Joop das erste Mal davon erzählt hatte, war ich bei dem Wort Euthanasie zusammengezuckt, bis ich begriff, dass es in den Niederlanden völlig vorbehaltlos verwendet wird, weil der historische Ballast längst nicht so groß ist wie in Deutschland.

Jedenfalls wird die Diskussion zwischen den beiden Männern in unserer Küche etwas lauter, sie reden sich in Rage, ich höre immer nur ,Schicksal' und ,Erlösung', ,Todesindustrie' und ,Gottlosigkeit', und für ein paar Momente verstummen alle anderen Gespräche, die ausgelassene Stimmung droht zu kippen, bis Johan sich umschaut und in die Runde sagt: „Ich will eben lieber, dass Gott mich holt, als mein Hausarzt", und Joop ihm antwortet: „In Ordnung, ich sag ihm Bescheid." Holländischer Humor eben.

Gegen zwei Uhr morgens bleiben Kenzo, Joel und Lucia mit Marinus, meinen Mitbewohnern und mir übrig, wir sitzen um unseren Küchentisch, der gefährlich voll gestellt ist mit Gläsern und Tellern, die Musik ist aus, und wir spielen ein letztes Spiel, das heißt: ,Ich wohne gern in Amsterdam, weil ...'. Kenzo sagt: „I like living in Amsterdam because of the freedom and the small houses." Joel sagt: „Ich wohne gern in Amsterdam, weil die holländischen Frauen so gut küssen." Lucia sagt: „Ich wohne gern in Amsterdam, weil es hier die besten Universitäten gibt und weil alle mit allen reden." Marinus sagt: „Ich wohne gern in Amsterdam, weil ich hier geboren bin und mir keine bessere Stadt einfällt." Willem sagt: „Ich wohne gern in Amsterdam, weil es eine Weltstadt in der Nussschale ist, ich keinen Führerschein brauche, meine Freunde alle ganz nah sind, weil es keine Berge gibt, denn ich hasse Berge, und weil das Meer nicht weit ist." Mathilde sagt: „Ich wohne gern in Amsterdam, weil man zum Flughafen nur eine halbe Stunde braucht und weil ich die Stadt verfluchen kann und doch jedes Mal Sehnsucht habe, wenn ich länger als eine Woche weg bin. Und du Bettina? Warum wohnst du gern in Amsterdam?"

Tja, warum wohne ich gern in Amsterdam? Soll ich jetzt sagen, weil vor einem halben Jahr jede Stadt besser war als Berlin? Dann kündigen sie mir bestimmt die Freundschaft, und außerdem stimmte das vor einem halben Jahr, aber jetzt stimmt es nicht mehr. „Weil die Lichter der Grachtenhäuser sich im Wasser so schön spiegeln, weil es keinen schert, wenn man sich in bunten Regenanzügen lächerlich macht, weil das Tempo der Stadt von den Fahrrädern bestimmt wird, weil man nicht lange allein bleibt, weil sich streiten nicht bedeutet, dass man sich nicht mag."

Mein Gott, klingt das alles sentimental, das kann ich so nicht stehen lassen. Warum mag man eine Stadt? Keine Ahnung, es passt einfach oder es passt nicht. „Könnt ihr mich bitte noch mal an einem anderen Tag fragen, wenn ich nicht Geburtstag habe, wenn mir wieder mal einer mit dem Rad in die Hacken gefahren ist oder ich selber vom Wind umgeweht wurde? Und du, Johan, warum wohnst du gern in Amsterdam?" Aber Johan, der auf dem Sofa sitzt, ist schon eingeschlafen.

Den Rest des Monats November verbringe ich vor allem damit, so schnell wie möglich von einer festen Behausung zur nächsten zu gelangen. Selbst wenn es in Holland sowieso schon immer mehr regnet als in Deutschland, im November vergeht so gut wie kein Tag, an dem nicht wenigstens ein Schauer herunterkommt, erstaunlicherweise immer in dem Moment, wenn ich gerade das Haus, den Buchladen, den Supermarkt, das Kino verlassen habe. Um nicht völlig zu verzweifeln, habe ich mir deshalb angewöhnt, meine autosuggestiven Kräfte zu aktivieren und jedes Mal, wenn die ersten Tropfen fallen, so zu tun, als wenn es die schönste Sache der Welt wäre, im Regen durch Amsterdam zu radeln. Dabei hilft mir unter anderem das Singen von Hits aus meiner Kindheit (z. B. ‚Kreuzberger Nächte sind lang‘ bzw. jener van Veen'sche ‚Kleine Fratz auf dem Kinderrad‘, wobei ich mittlerweile die Originalversion ‚Hé, kleine meid op het kinderfiets‘ bevorzuge) oder die Vorstellung, ich würde in einem Werbespot für Haarspray mitwirken, ‚Morgens in Amsterdam, mittags in Amsterdam, abends in Amsterdam, und das Haar sitzt‘.

Wie auch immer, ich habe quer durch mein Zimmer eine Leine gespannt, auf der meine Jeans und Socken trocknen, und anstatt die Stadt direkt zu erkunden, beschränke ich mich darauf, den Bücherberg neben meinem Bett abzuarbeiten und alle Tee- und Kekssorten, die Albert Heijn hergibt, auszuprobieren. Sehr zu empfehlen: bitterkoekjes und mergpijpjes, deren Verkleinerungsformen allerdings nur über ihren Kaloriengehalt hinwegtäuschen sollen und ein Ausdruck ihrer Beliebtheit sind, so wie der Holländer alles verkleinert, was ihm lieb und teuer ist, zum Beispiel meisje (Mädchen), hondje (Hündchen), ijsje (Eischen), pilsje (Pilschen), lieverdje (Lieblingchen) und schließlich vriendje (Freundchen), wenn aus ‚einem Freund‘ (vriend) ‚der Freund‘ geworden ist.

Mitte November tritt dann ein Mann in das Leben der Niederländer, den manche Gegner der Monarchie für bedeutender als Königin Beatrix halten und mit dem auch in mein temporäres Exilantenleben wieder Bewegung kommt: Sinterklaas, eigentlich Sint-Nicolaas oder ganz informell de Sint. Wie unser Nikolaus geht auch die Geschichte von Sinterklaas zurück auf Nikolaus, Bischof von Myra, der am 6. Dezember des Jahres 342 starb. Sinterklaas also, eine Mischung aus Nikolaus und Santa Claus, ist nur schwer zu begreifen, wenn man ihn nicht von Kindesbeinen an kennt. Er kommt schon Mitte November aus Spanien angereist und hat ein paar – wie soll man sie politisch korrekt nennen – Halbwüchsige mit afrikanischem Migrationshintergrund bei sich, die der Holländer traditionell zwarte Pieten, schwarze Peter, nennt und die Sinterklaas dabei assistieren, Geschenke zu verteilen. (Natürlich gab es im weltoffenen diskutierfreudigen Holland auch eine Debatte darüber, ob die zwarten Pieten wirklich schwarz sein dürfen und ob da nicht ein Hauch Rassismus mitgefeiert wird.) Sinterklaas kommt auf einem Dampfer und unter so viel Aufhebens in Amsterdam an, dass es live im Fernsehen übertragen wird, und ist in den nächsten Wochen ziemlich im Stress. Er muss nämlich bis zum 5. Dezember alle Alten- und Kinderheime und alle Krankenhäuser des Landes besucht haben, um am Vorabend des Nikolaustages bei allen Niederländern gleichzeitig Geschenke in die Schornsteine zu werfen. Und damit er dabei nicht hoffnungslos untergeht, gibt es ebenfalls ab Mitte November in allen Geschäften des Landes entsprechende Angebote, Sinterklaas zu entlasten, indem man selber Geschenke für alle Lieben anschafft. Im Grunde genommen haben die Holländer den Weihnachtsstress einfach ein paar Wochen vorgezogen, damit sie Heiligabend in Ruhe in die Kirche gehen können oder so.[1]

Anmerkung zum november

[1] Für Shoppingtouren vor Sinterklaas oder zu jedem anderen beliebigen Anlass taucht man am besten in die Fußgängerzone der Kalverstraat ein, *the place to be* für Kleidung, Schuhe etc., für exklusivere Wünsche besuche man *De Bijenkorf* auf dem Dam oder gleich die P. C. Hooftstraat am Vondelpark, da ist das gesamte Prêt-à-porter versammelt.

december

ZUM GLÜCK musste ich mir nicht lange überlegen, wer meine ‚Lieben‘ in dieser Stadt sein könnten, denn Anfang Dezember hält mir Mathilde eine kleine Schüssel mit vier gefalteten Zetteln hin. „Hier, die Lose für Sinterklaas.“ – „Lose?“ – „Ja, du feierst doch mit, oder? Mit mir und Johan und Willem? Damit keiner überfordert wird, zieht jeder einen Namen, und denjenigen muss er dann beschenken, ein Gedicht für ihn schreiben und eine surprise vorbereiten. Für die anderen reicht eine Kleinigkeit.“ – „Also Geschenk, da weiß ich, wie das geht. Aber ein Gedicht? Und was ist eine surprise?“ – „Ach so, du bist ja nicht von hier, das hätte ich jetzt fast vergessen.“ – „Danke.“

„Nein also Geschenk, klar, irgendwas, wovon du glaubst, der andere freut sich drüber, Gedicht, hhmm, wie soll ich das beschreiben? Es soll um den zu Beschenkenden gehen, seine Eigenheiten, seine kleinen Macken, was Lustiges oder was Melancholisches soll da drin stehen. Wenn du nicht weiter kommst, es gibt Reim-Maschinen im Internet. Du kannst natürlich auch die freie Form wählen.“ O Gott, was tue ich mir an. „Ja, und eine surprise ist eben eine Art Überraschung, etwas, was du selber gebastelt hast oder gemalt oder so, es sollte auch zum Beschenkten passen.“ Mathilde hält mir die Schüssel hin. „Nun, zieh schon!“ Ich schließe die Augen und greife nach einem Zettel.

„Nicht sagen!“ Mach ich doch gar nicht. Ich falte den Zettel auseinander und lese Johans Namen. „Okay, also Geschenk, Gedicht und Dingsda, surprise.“ – „Genau, und für die anderen beiden eine Kleinigkeit. Nimm dir also nichts vor für den

5. Dezember, obwohl, da hat sowieso keiner Zeit für dich, weil alle Sinterklaas feiern. Wir kochen was Nettes und danach ist Bescherung, so heißt das doch bei euch, oder?" – „Ja, und wie heißt das hier?" – „Pakjesavond."

Dann fällt mir etwas ein, und ich muss schon selber lachen. „Sag mal, ihr nennt den Mann aber nicht zufällig ‚Sinterklaasje'?" Mathilde räuspert sich und fängt an, ein Kinderlied zu singen: „Sinterklaas kapoentje, gooi wat in mijn schoentje, gooi wat in mijn laarsje, dank U, Sinterklaasje." (‚Sinterklaas Kapäunchen, wirf was in mein Schühchen, wirf was in mein Stiefelchen, Dank Ihnen, Sinterklaaschen.') Ich wusste es!

Ein Geschenk für Johan, das sollte doch zu machen sein, da muss ich nur herausbekommen, ob er sich etwas Bestimmtes wünscht. Als ich ihn am Samstagmorgen in der Küche treffe, versuche ich es mit einem Trick. „Sag mal, Johan, hast du eigentlich Hobbys?" Er hört auf, in seiner Teetasse zu rühren, und guckt mich an. „Hobbys? Mein Vater sammelt Bierdeckel, und meine Mutter strickt. Meinst du so was? Nee, ich habe keine Hobbys, nie gehabt. Wieso willst du das wissen?" – „Ach, nur so. Ich dachte, du interessierst dich noch für etwas anderes als für Geschichte." – „Hast du vielleicht für Sinterklaas meinen Namen gezogen?"

Toller Trick. „Nein! Ganz bestimmt nicht. Ich wollte einfach wissen, was du so machst, wenn du nicht liest oder Rad fährst oder isst oder schläfst." – „Okay, wenn du es ganz genau wissen willst: Wenn ich nicht lese oder Rad fahre oder esse oder schlafe, dann wünsche ich mir von ganzem Herzen eine Best-of-CD von Herman Brood, den letzten Roman von A. F. Th. van der Heijden oder einen Schal, am besten einen blauen, damit er zu meiner Windjacke passt, okay?" Er grinst mich an, ich nicke völlig beiläufig und setze frisches Teewasser auf. „Sag mal, wer ist eigentlich dran mit Einkaufen?"

Herman van Veen, den kenne ich, aber wer ist dieser Her-

123

man Brood? Wenn ich Willem danach frage, lacht er mich bestimmt wieder aus. Also frage ich Klaas, als ich ein paar Tage später im Buchladen stehe. „Herman Brood? Nou, der ist hier in Holland weltberühmt. Und ich habe gehört, dass es sogar außerhalb von Holland ein paar Leute geben soll, die ihn kennen. Das heißt, kannten, denn er ist schon tot." – „Aber was hat der gemacht?" – „Ach so, du weißt gar nichts." Danke, lieber Klaas, für deine Direktheit, aber nein, ich weiß gar nichts. „Der hat gesungen, das heißt, was er dafür hielt, mehr so ein Geschrei, Rock'n'Roll, ist nie so meins gewesen. Aber malen konnte er auch, schön bunt, weil er farbenblind war und nur große Kontraste erkennen konnte. Ach ja, und geschauspielert hat er wohl auch. Von allem ein bisschen, nichts richtig, wenn du mich fragst. Dafür war sein Selbstmord ziemlich spektakulär. Brood ist 2001 vom Hilton-Hotel runtergesprungen, hier in Amsterdam, und hatte dabei einen Zettel in der Hosentasche, auf dem stand: ‚Maak er nog een groot feest van' (‚Macht noch eine große Party draus'). Aber wenn dein Mitbewohner ihn gut findet, dann wird er schon seine Gründe dafür haben. Ich dagegen würde ihm lieber den neuen Roman von A. F. Th. van der Heijden schenken, da kommst du zumindest nicht in Konflikte, was den Geschmack angeht, und ich könnte dir den Schmöker zum Einkaufspreis überlassen. Na, wie wär's?"

Hab ich eigentlich schon erwähnt, dass die Niederländer nicht nur von Bauern und Fischern, sondern auch von Priestern und Händlern abstammen, mit Betonung auf Händlern? „Okay, da muss ich wenigstens nicht lange suchen, her mit dem Schmöker." Klaas reicht mir einen grünen, ziegelsteinschweren Band. „Hier, ‚Het schervengericht', geht um Roman Polanski und Charles Manson, nicht schlecht. Du musst nicht gleich zahlen, ich zieh's dir später einfach vom Lohn ab." Wie liebenswürdig!

Und einen Schal, einen blauen Schal, besorge ich Johan auch noch (Wieso lässt er sich den eigentlich nicht von seiner

Mutter stricken?), und bei Virgin Music in der Kalverstraat höre ich wenigstens mal rein in diesen Herman Brood. So schlimm, wie Klaas es beschrieben hat, ist der gar nicht, eben so Achtzigerjahre-Rock, wie man ihn als junger Mensch gehört hat und womit man sentimentale Erinnerungen verbindet. Klaas tut immer so, als wenn er nie jung gewesen wäre, er hat ein Abo im Concertgebouw, geht regelmäßig in die Stopera und pflegt seine Vorurteile gegen jedwede elektrisch verstärkte Musik genauso wie seine Vorurteile gegen schreibende Frauen. Die Best-of-Scheibe von Herrn Brood ist im Angebot, also geht die auch noch mit, Johan soll nicht denken, wir Deutschen wären geizig und hätten nichts übrig für Sinterklaas.

Geschenke kaufen ist allerdings eine Kleinigkeit verglichen mit dem, was dann folgt: Gedicht schreiben und surprise basteln. Ich hätte Mathilde fragen sollen, in welcher Sprache das Gedicht verfasst sein soll. Mein Niederländisch ist zwar besser als das von Prinz Bernhard, aber Gedichte schreibe ich nicht mal auf Deutsch, jedenfalls nicht mehr, seit ich aus der Pubertät raus bin. Eine Eingebung muss her! Hatte Mathilde nicht etwas von Reim-Maschinen im Internet gesagt? Hier, www.gedichten-sinterklaas.nl, das ist es. Obwohl, so richtig originell ist das auch nicht, da entscheide ich mich doch lieber für die freie Form.

Und die surprise? Da fällt mir etwas ein, ich bastel Johan einen Doktorhut aus blau-rot-weißen und schwarz-rot-goldenen Streifen. Bisschen albern vielleicht, aber erstens ist Johan so schlau, dass er bestimmt bald seine bul, seine Promotionsurkunde, in den Händen halten wird, und die Farben, na ja, ein wenig Völkerverständigung praktizieren wir ja nun schon seit einem halben Jahr.

Am 5 Dezember, dem Tag, an dem der echte Sinterklaas wahrscheinlich schon völlig erschöpft in irgendeiner Ecke liegt, während die schwarzen Peter noch auf Hausdächern herumturnen, riecht es im ganzen Haus nach spekulaas, Spekulatius, die zu Sinterklaas gehören wie bei uns Lebkuchen zu Weihnachten und die Mathilde exklusiv für diesen Abend bäckt. Und es riecht nach Kohl. Klar, es gibt mal wieder Gestampftes. Aber nachdem ich an den meisten Tagen vor allem von Nudeln oder Reis mit Soße lebe, wird sogar so ein robustes Gericht wie stamppot zu einer willkommenen Delikatesse. Die Verfeinerung meines Geschmacks habe ich längst auf später verschoben, denn die Auswahl der Restaurants diverser Nationalitäten ist in Amsterdam zwar groß, aber die Preise sind nicht unbedingt auf den täglichen Bedarf von Normalverdienern und jungen Akademikern in prekären Arbeitsverhältnissen ausgelegt, und die beliebten snackbars sind auch nicht sonderlich figurverträglich.

Ich trage also meine gut verpackten Geschenke in unsere Küche und helfe Mathilde beim Tischdecken, als Willem hereinstürmt. „Mensen, ich brauch noch eine halbe Stunde, fangt schon mal ohne mich an." Anschließend hört man es erst auf der Treppe poltern, später in seinem Zimmer und es hört sich so an, als wenn er etwas hämmerte und nagelte.

Johan kommt frisch geduscht und mit mehreren Päckchen unter dem Arm in die Küche gesegelt und fällt auf das Sofa. „Wie früher zu Hause." – „Aha, da hat moedertje wohl auch immer den ganzen Tag in der Küche gestanden, damit es dem jongetje an nichts fehlt, oder was?" Erst jetzt merke ich, dass Mathilde von einer festlichen Stimmung weit entfernt ist und ihr Tränen in den Augen stehen. „Ist doch wahr, ich hab es satt, hier immer die Hausdame für alle zu spielen." Ach du meine Güte, und ich hab mich auch nicht besonders eifrig eingebracht. Johan springt auf. „Mann, Mathilde, heul doch nicht, wir sind aber auch ignorant." Er macht mir ein Zeichen, dass ich mich um den spekulaas kümmern soll, der im Ofen immer dunkler wird, und schenkt Mathilde ein Glas Wein ein.

„So, jetzt setzt du dich hier hin, wir machen den Rest und du guckst uns zu, okay?"

„Hast du mal ein Taschentuch?" – „Ja klar, hier." Johan rührt im stamppot, ich hole die Kekse aus dem Ofen. Dann steht Willem mit einem Riesenpaket in der Tür, und als keiner von uns etwas sagt, fragt er: „Ist was?" Mathilde zuppelt ihre Bluse zurecht. „Nee hoor, wieso? Können wir jetzt endlich anfangen?" – „Hhmm", ruft Johan mit großer Geste, „so einen lekker stamppot habe ich schon seit Jahren nicht mehr gegessen!" – „Smullen, meid, echt smullen", pflichtet Willem ihm bei, aber Mathilde dreht nur die Augen zur Zimmerdecke.

Nach dem Essen ist endlich Bescherung. Wir stellen alle Päckchen auf den Boden, setzen uns drum herum, und jeder darf der Reihe nach ein Geschenk heraussuchen, an dem sein Name klebt. Weil es mein erster Sinterklaas ist, darf ich anfangen. Und siehe da, das Riesenpaket von Willem ist für mich, denn er hat das Los mit meinem Namen gezogen. „Erst lesen", sagt Willem und hält mir einen Umschlag hin. Aha, das Gedicht! Ich lese laut vor, was da steht: „Bettina kommt aus der Ferne, trotzdem haben wir sie gerne, sie spricht wie prins Bernhard, doch das maakt uns nix, wir verstaan fast alles, den Rest klären wir auf english ganz fix. Unser Deutsch is niet viel besser, Schnitzel essen wir mit Gabel en Messer. Ein Jahr ist niet lang, drum geven wir Gas, hier dein Geschenk und alles Gute van Sinterklaas."

Ich weiß nicht, ob ich das lustig finden soll, aber Johan und Mathilde liegen fast unterm Sofa vor Lachen, offensichtlich hat Willem den optimalen Ton eines Sinterklaas-Gedichtes getroffen, ich lache also einfach mit und öffne das Riesenpaket. Es handelt sich um eine Holzkonstruktion (deshalb die Geräusche aus Willems Zimmer), eine Art Rahmen, dem man nicht sofort ansieht, was er darstellt. Aber Willem hilft mir, dreht den Rahmen einmal um und stellt ihn auf dem Boden ab. Mit ein bisschen Phantasie erkennt man einen überdimen-

sionalen klompen, also diesen typischen holländischen Holz-
schuh, den Willem auf eine selbstgemalte Deutschlandkarte
geklebt hat, und zwar genau dorthin, wo normalerweise Berlin
liegen würde. „Voilà, duits-nederlandse vriendschap."

Ich weiß nicht, ob ich das lustig finden soll, aber Johan
und Mathilde liegen fast unterm Sofa vor Lachen, offensichtlich hat Willem die optimale Form einer surprise getroffen.
Also gut, Gedicht und surprise hätten wir, und wo ist das Geschenk?

„Hier, was Praktisches, Bücher hast du ja genug." Willem
hält mir ein Päckchen hin, wieder mit rosafarbener Schleife
wie das Geschenk an meinem Geburtstag, aber diesmal ist es
etwas größer als eine CD-Hülle, also kein Herman van Veen,
kein De Dijk. Stattdessen, jawohl, mitdenken, Freude schenken, ein original niederländischer Regenanzug, Jacke und Hose, in einem strahlenden Mittelblau, so Richtung Yves Klein,
ohne Punkte, ohne Streifen, kein Orange, kein Rosa! Dass ich
mich einmal über so ein Geschenk freuen könnte, ich hätte
es mir nicht träumen lassen. „Danke, Willem, das ist wirklich
praktisch." – „Na ja, du sahst schon immer etwas seltsam aus
in dem orangefarbenen Ding von Mathilde." Wie bitte, das sagt
er mir jetzt, nachdem ich das Ding wochenlang getragen habe? „Und da der Winter und das Frühjahr ja auch nicht sehr
trocken sind bei uns, dachte ich …" Ich werfe mich Willem an
den Hals, küsse ihn links, rechts, links, er wird rot und holt
sich ein Bier aus dem Kühlschrank.

Johan hat sich übrigens auch gefreut über das Buch, die
CD, den Schal. Und meinen selbstgebastelten Doktorhut hat
er den ganzen Abend aufbehalten.

Das Gedicht, das ich ihm geschrieben habe (freie Form),
ging übrigens so: ‚Johan, jij bent een aardige vent, ik vind het
leuk je te kennen en ik hoop je komt gauw naar Berlijn, want
die stad is net zo boeiend als Amsterdam en we hebben er ook
veel geschiedenis, daar hou je toch van!' (‚Johan, du bist ein

128

netter Kerl, ich finde es gut, dich zu kennen, und ich hoffe, du kommst bald nach Berlin, die Stadt ist genauso aufregend wie Amsterdam, und wir haben da auch viel Geschichte, das magst du doch!')

Wie gesagt, dichten kann ich nicht mal auf Deutsch, aber ich glaube, Johan hat sich trotzdem gefreut, jedenfalls hat er mich auch geküsst, und zwar erst links, dann rechts und dann wie zufällig auf den Mund, bevor auch er sich ein Bier aus dem Kühlschrank holte. Das scheint so eine Art Verlegenheitsritual zu sein, ich bin mir nur nicht sicher, ob das eine typisch niederländische oder eine typisch männliche Angewohnheit ist. Wenn ich zurück in Berlin bin, muss ich das überprüfen.

Der Monat Dezember endet schließlich so, wie er begonnen hat. Denn nur weil an Sinterklaas Geschenke verteilt werden wie bei uns zu Weihnachten, heißt das nicht, dass Weihnachten ausfällt, sondern dass innerhalb von vier Wochen zwei Mal gefeiert wird. Allerdings ist Weihnachten auch in Holland, wo man kerstmis oder kerst dazu sagt, eine reine Familienangelegenheit. Leider ist meine Familie weit weg, und ich habe mir vorgenommen, nicht schwach zu werden und dem Heimweh nicht nachzugeben, also wird es wohl mein erstes einsames Weihnachten, denn auch meine Mitbewohner verbringen die Feiertage bei ihren Verwandten. In Gedanken rede ich mir die Sache schön, überlege, was ich mir kochen und welche Filme ich mir im Kino ansehen könnte, als Joop anruft und fragt, was ich eigentlich Weihnachten mache.

Als ich es ihm erzähle, sagt er: „Zo gaat dat niet, so geht das nicht!" Und ich will sagen: „Doch, kein Problem, ich komme schon zurecht, ist doch nicht schlecht, kommt man mal zum Nachdenken und so", aber er lässt mich nicht ausreden. „Du kommst zu uns, am 25. Dezember, 17 Uhr, Weihnachtsessen, unsere Kinder werden auch da sein." – „Aber Joop, ich will euch wirklich nicht stören." – „Du kommst, sonst reden wir kein Wort mehr mit dir." Und ehe ich mich noch bedanken oder irgendetwas erwidern kann, hat er aufgelegt.

Also stehe ich am 25. Dezember um 17 Uhr wieder vor dem Reihenhaus in Slotervaart, vor dem ich am 1. Mai schon einmal gestanden habe, zwei Koffer in der Hand und nicht ahnend, was mich in Amsterdam erwarten würde. Was mich an diesem Abend erwartet, weiß ich allerdings auch nicht. Joop hat seine Kinder erwähnt, die ich nicht kenne, ich weiß nur, dass es drei sind und es auch Enkel gibt, von denen zwei vor mir stehen, als ich klingle und Lots mir die Tür öffnet. Zwei Jungen, der größere reicht mir gerade bis zur Hüfte, der kleinere umklammert bereits mein Knie und ruft etwas, das wie mein Name klingt.

„Hallo Bettina, komm doch rein, das ist Owen, wir haben ihm erzählt, dass du kommst, und er freut sich schon." Aha.

„Und das ist Ian, unser Großer. Er freut sich auch, aber ist zu schüchtern es zu zeigen." Deshalb wendet sich Ian nach Begutachtung meiner Person auch sofort wieder seinem Gameboy zu. Das Wohnzimmer, das mir bei meinem letzten Aufenthalt ziemlich groß vorgekommen war, ist jetzt fast zu klein für das knappe Dutzend Menschen plus Babys und Kinder, die mich so erwartungsvoll anschauen, dass ich gleich wieder umkehren möchte. Glücklicherweise hilft mir Lots aus.

„So, Bettina, das ist also unsere Familie, Marleen, unsere Älteste, du weißt schon, wir haben dir doch von ihr erzählt, sie wohnt jetzt in Amerika. Ihr Mann Dave, ihre Söhne, Owen und Ian, die hast du ja schon getroffen. Da auf dem Sofa sitzt unser Sohn Jasper mit seiner Freundin Adinda, und da ist Bodhi, ihr Sohn, und das Baby da ist Laya, und hier ist Floor, unsere Jüngste, und ihr Freund Joris. Stell dir vor, sie bekommen auch bald ein Kind, das haben sie uns vorhin erst erzählt! Hab ich jemanden vergessen? Ich glaube nicht."

Ich nicke bei jedem Namen, lächle und versuche angestrengt, wenigstens die Hälfte davon zu behalten, aber es ist hoffnungslos. Ich folge Lots in die Küche und biete ihr meine Hilfe an, aber mehr als Tee kochen kann ich nicht tun. Im Ofen grillen ein paar Hühner, auf dem Herd steht ein großer Topf Reis, daneben Erbsensuppe und auf der Anrichte mehrere Salate.

„Jeder hat was mitgebracht, ich hoffe, es reicht für alle." – „Aber Lots, warum hast du denn nicht, ich hätte doch auch ..." – „Nein, ist schon gut, auf einen Esser mehr oder weniger kommt es auch nicht an. Ich mach jetzt noch Würstchen für die Jungs heiß, und dann kann es losgehen. Trag doch schon mal die Schüsseln rüber und sag Joop, er soll den Wein aufmachen."

Gesagt, getan. Bis sich alle um den großen Esstisch versammelt haben, der zur Feier des Tages mit einer großen weißen Tischdecke und ein paar Kerzen dekoriert ist, vergeht noch eine Viertelstunde. Die Kinder bekommen einen extra Kindertisch mit Wachstuch und bunten Servietten, nur das Baby von Jasper sitzt mit bei uns, es interessiert sich allerdings wenig für die Speisenfolge und schläft auf seinem Arm. Joop legt die CD mit Bachs Weihnachtsoratorium auf, die ich als Geschenk mitgebracht habe. Als alle sitzen, ist es für einen Moment still, ich warte, dass jemand anfängt zu beten, macht aber keiner. Stattdessen ruft Jasper: „Prettig kerst, eet smakelijk, Mann, hab ich einen Hunger!" Und dann beginnt eine Art Wettkampf, dessen Regeln leicht zu durchschauen sind. Es geht offensichtlich darum, wer zuerst das meiste Essen auf seinen Teller geschaufelt bekommt. Sehr beeindruckend. Sieger sind die Männer, aber das macht gar nichts, auch die Portionen von uns Damen sind mächtig, und bald ist nicht mehr herauszuhören, wer die schöneren Laute von sich gibt, die bezeugen sollen, dass es schmeckt.

„En, Bettina, geniet je een beetje in ons gezinnetje?", fragt Joop mich schwer kauend. Ob ich ein bisschen genieße? In seinem ‚Familchen'? Übertreibt er jetzt oder untertreibt er? „Ja, Joop, danke der Nachfrage, ich kann nicht klagen."

Mit den abklingenden Hungergefühlen kommt dann auch die Tischkonversation in Gang, zu der ich eher wenig beitrage, was aber vollkommen in Ordnung ist, da ich sowieso nicht geübt bin, mein Holländisch vor größeren Gruppen auszuführen. Immerhin fällt mir jetzt selber auf, dass ich doch schon ziemlich viel von dem verstehe, was da erzählt wird. Es geht um Arbeit, um Urlaub, um Kinderkrankheiten, um gemeinsame Erinnerungen, was man sich eben so erzählt. In der Küche, wo sich später die Töpfe und Teller stapeln, frage ich Lots, ob sie denn nicht in die Kirche müssen, schließlich wäre doch Weihnachten und schließlich wären sie doch katholisch.

„Ach, meid, ich bin bis zu meinem zwanzigsten Lebensjahr so oft in der Kirche gewesen, das reicht für drei Leben. Der Tag heute gehört der Familie, so oft kommen wir nun auch nicht mehr alle zusammen. Kannst du das Tablett mit den Kaffeetassen nehmen?"

Kerstmis also, Weihnachten, ganz ohne Bescherung. Habe ich mir nicht vorstellen können, geht aber auch. Da kommt man doch mal zum Reden, wenn nicht alle auf den Gabentisch starren. Einen Weihnachtsbaum gibt es bei Joop und Lots übrigens auch nicht, dafür hängt eine Leine quer durchs Wohnzimmer, an der hängen die Weihnachtskarten, die sie von Freunden und Verwandten bekommen haben, und das sind nicht wenige. Grüße statt Geschenke, manchmal ist die Lösung ganz einfach. Allerdings, die Globalisierung sendet auch ihre Grüße, und in Holland gibt es immer mehr Familien, die Weihnachten ‚klassisch' feiern, also mit Bescherung, mit Geschenken. Sinterklaas hat sozusagen Konkurrenz bekommen, aber keine, über die er sich ernsthaft Sorgen machen müsste.

Eine Woche nach Weihnachten wird schon wieder gefeiert, Oud en Nieuw, Alt und Neu, wir würden Silvester dazu sagen. Diesen Abend verbringe ich wieder zusammen mit meinen WG-Mitbewohnern, von denen ich langsam das Gefühl habe, ich würde sie seit Jahrzehnten kennen, so vertraut sind sie mir.

Wir essen Spaghetti à la Johan mit Spinat und Hackfleisch und ziehen später um in Willems Stammkneipe, die längst unser aller Stammkneipe ist. Auf dem Weg dorthin müssen wir ein paar Böllern ausweichen, und die Kneipe selbst ist noch voller als sonst, es hängen Girlanden an der Decke (sobald gefeiert wird, wird auch dekoriert), die Musik ist wie gewohnt laut und wie gewohnt fröhlich holländisch. Aus dem hinteren Teil des Lokals hört man einen beschwipsten Laienchor Lieder singen, ,Oranje boven‘ und ,Lange leve de Koningin‘. Es dauert nicht lange, da singt das ganze Lokal. Stimmung eben. Wir stellen uns an der Theke auf, mit dem Blick nach draußen, wo auf der Gracht immer wieder hell erleuchtete Partyboote vorbeifahren.

„Und“, fragt mich Mathilde, „was war dein schönstes Erlebnis im vergangenen Jahr?“ – „Puh, schwere Frage, und du wirst es mir kaum glauben, aber Amsterdam, so im Großen und Ganzen.“ Mathilde lacht. „Das hätte ich mir denken können. Hast du denn gar kein Heimweh, Berlin soll doch so leuk sein?“ – „Ist es auch, aber irgendwie kann man das nicht vergleichen, die Städte sind so verschieden. Und auch wenn ich hier manchmal die Weitläufigkeit vermisse, das Großstädtische, werde ich in Berlin bestimmt auch bald die gezelligheid und die engen Straßen, das Wasser, den Wind, vermissen.“

Willem, der sich gerade noch mit einem Freund unterhalten hat, tätschelt mir den Rücken. „Nou Betti, ich werde dich auch vermissen.“ – „Wim, jetzt sei nicht albern, ich bleib ja noch ein bisschen.“ – „Na Gott sei Dank, proost!“

Um Mitternacht stoßen wir an, irgendwelche Menschen fallen mir um den Hals und wünschen mir Glück, dann laufen alle nach draußen, wo das Feuerwerk über den Grachten seinen Höhepunkt erreicht.

Als es draußen zu kalt wird und wir wieder im Café stehen, legt plötzlich jemand seinen Arm um meine Schulter. Es ist Johan. Er drückt mich an sich und schaut sich um. Dann

133

beugt er sich vor und flüstert mir etwas zu. „Johan, sorry, ich kann dich nicht verstehen, es ist so laut hier." Er wiederholt, was er gerade gesagt hat, und drückt mich noch fester, aber ich habe ihn immer noch nicht verstanden und außerdem bekomme ich fast keine Luft mehr. Ich schiebe ihn weg.

„Johan, es tut mir leid, du musst lauter reden." – „Ik hou van jou!" Bitte? Den Satz habe ich doch schon mal gelesen. Ich lache, um Zeit zu schinden und darauf zu kommen, was das wohl heißt, aber Johan guckt ganz ernst und sagt noch mal, jetzt leiser: „Ik hou van jou."

Da fällt es mir ein, o Gott! Ich drehe mich erst einmal um und muss schlucken. Das meint der doch nicht ernst. Als ich mich einigermaßen gefasst habe, ist Johan verschwunden, dafür steht Willem da. „Hoi, Betti." – „Hallo." – „Gelukkig nieuw jaar! Wie geht's?" – „Ja, also bis eben ganz gut, und dir?" – „Wir müssen reden."

Nein, bitte nicht, dazu habe ich jetzt keine Lust, mitten in der Neujahrsnacht und nach unerwarteten Geständnissen. „Muss das sein?" – „Ja, es ist wichtig." Willem holt tief Luft. „Na los, dann beeil dich, ich muss bald nach Hause, schlafen." Willem holt noch mal tief Luft, beugt sich zu mir und fängt an, wie eben noch Johan, in mein Ohr zu flüstern. „Wim, kannst du nicht lauter sprechen, ich verstehe kein Wort." Beim zweiten Mal verstehe ich ihn sehr gut. „Ik hou van jou."

Nein, das glaube ich nicht. Ich drehe mich weg, meine Wangen glühen, da steht Mathilde. „Mathilde, ich muss jetzt ganz schnell raus hier." – „Aber wieso denn, bleib doch noch, hier wird gleich noch getanzt." – „Tut mir leid, ich werde jetzt ganz sicher nicht tanzen." Ich suche meine Jacke, Willem steht immer noch am Tresen und verfolgt mich mit seinen Blicken. Bevor ich das Café verlasse, gehe ich, um wirklich jedes Missverständnis auszuschließen, noch einmal zu Mathilde.

„Du, was genau heißt noch mal ik hou van jou?" – „Ich liebe dich, wieso?"

januari

ALS ICH AM NEUJAHRSMORGEN AUFWACHE, dröhnt mein Kopf nicht nur von der unguten Mischung aus Sekt, Bier und Jenever vom Vorabend. Da ist auch ein schwerwiegender Satz, der alle anderen Gedanken verdrängt. „Ik hou van jou, ik hou van hou, ik hou van jou."

Wenn man den Satz oft genug hintereinander ausspricht, klingt er wie eine Übung beim Sprecherzieher, was seine Bedeutung natürlich nur unwesentlich schmälert. Bevor ich mich in der Hoffnung unter die Dusche begebe, den Satz endlich loszuwerden, versichere ich mich, dass die Luft rein ist und ich nicht einem meiner männlichen Mitbewohner in die Arme laufe, schließlich haben die mich gestern mit eben jenem Satz überfallen, und zwar gleichzeitig. „Ik hou van jou, ik hou van hou, ik hou van jou."

Als ich wenigstens äußerlich einigermaßen wiederhergestellt bin, verlasse ich das Haus und radle etwas ziellos durch die Stadt. Die Straßen von Amsterdam sind ungewohnt leer, ein paar Straßenkehrer kümmern sich um die Reste der Nacht, über dem Wasser der Grachten liegen Nebelschwaden. Da hatte ich doch wirklich gedacht, ich könnte mit einem verlängerten Ausflug nach Amsterdam ein unabhängiges und emotional unaufgeregtes Leben beginnen, doch kaum ist man mal ein bisschen nett, kaum werden die Beziehungen mal ein bisschen enger, schon geht der Schlamassel von vorne los.

„Ik hou van jou", damit können die Jungs doch nicht einfach so um sich werfen, als wäre es nichts. Meine Güte, ich kann mich nicht mal mehr erinnern, wann ich das letzte Mal

‚ik hou van jou‘ zu jemandem gesagt habe. Ich fahre durch den Vondelpark, auch der liegt noch ruhig da, ein paar Enten ziehen über den Teich, und einige Helden der ersten Stunde joggen ins neue Jahr. Vor lauter Grübeln über binationale Befindlichkeiten merke ich gar nicht, wie ich in der Straße von Jan Sommers' Haus lande. Und obwohl es noch so früh am Tage ist, brennt dort schon Licht. Ich stelle mein Fahrrad ab, an einem anderen Pfahl als an dem, von dem mir mein erstes Rad geklaut wurde, bei so was bin ich abergläubisch, und klingle an Jans Tür.

Aber nicht er macht mir Tür auf und auch nicht seine Tochter, sondern eine ganz andere Frau, eine, bei der ich auch schon in der Küche gestanden habe, eine, die fließend mehrere Sprachen spricht. „Nettie, was machst du denn hier?" – „Goede morgen, Bettina, auch ich wünsche dir ein gesundes neues Jahr." – „Entschuldige, natürlich, das wünsche ich dir selbstverständlich auch. Ich wollte eigentlich zu Jan Sommers." Nettie dreht sich um. „Jan, bezoek voor jou, Besuch für dich." Nettie dreht sich wieder zu mir. „Komm doch rein, ich wollte gerade Tee machen."

Ich gebe mir Mühe, meinen Gesichtsausdruck so normal wie möglich zu gestalten, aber es scheint mir nicht ganz zu gelingen. „Nou nou nou, deutsche Dame, du bist ja früh dran. Ach ja, wundere dich nicht, Nettie kommt jetzt öfter. Ich hab vor lauter Aufregung glatt vergessen, mich noch bei dir zu bedanken." – „Aber wofür denn?" – „Na, ohne dich hätte ich Nettie doch nie getroffen, wir sind uns auf deinem Geburtstag begegnet, weißt du nicht mehr?" Das sind ja Neuigkeiten am Neujahrsmorgen. Wir setzen uns auf das grüne Sofa. Jan hält Netties Hand.

„Aber sag mal, du hast doch was. Ist was passiert?" – „Nein, wieso?" Jan lässt Netties Hand los und greift jetzt nach meiner. „Raus mit der Sprache, was ist los?" Vor diesem Ex-Psychiater kann man aber auch nichts verbergen. „Ik hou van jou." Jan lässt meine Hand los, guckt Nettie an, die guckt mich an. „Wie bitte?"

„Ik hou van jou, das haben gestern Abend zwei Männer zu mir gesagt, innerhalb von fünf Minuten." Nettie lacht laut. „Nou meid, wenn es weiter nichts ist, das ist doch großartig, du suchst dir den aus, der dir besser gefällt, und ihr habt eine schöne Zeit."

„Aber es gibt einen Haken." – „Und welchen?" – „Bei den beiden Männern handelt es sich um meine Mitbewohner, Johan und Willem." – „O ja, das ist allerdings ein großer Haken." Jan gießt mir Tee nach. „Meid, meid, meid, ich hab schon so was geahnt." Wie bitte? „Ich hab die Männer beobachtet, an deinem Geburtstag, die hatten ganz schön rote Ohren, wenn sie mit dir gesprochen haben." Rote Ohren? Ich habe keine roten Ohren gesehen. „Aber warum hast du mich denn nicht gewarnt?" – „Hätte es denn was genützt?" Wahrscheinlich nicht. Aber das hilft mir auch nicht weiter, schließlich muss ich irgendwann zurück nach Hause, und irgendwann werde ich Johan und Willem wieder begegnen, und ich weiß nicht, ob ich darauf hoffen kann, dass die Männer sich abgesprochen und sich mit ihrem ‚ik hou van jou' nur einen Silvesterscherz erlaubt haben.

Nach einer Stunde seelischen Beistands lasse ich Jan und Nettie allein mit ihrem Liebesglück und bin fast ein bisschen neidisch.

Ich fahre zurück nach Hause, lege mich den Rest des Tages ins Bett, höre Musik, und zwar meine und nicht die von Willem, lese ein bisschen in ‚Amsterdam' von Ian McEwan, und als es an der Tür klopft, einmal, zweimal, dreimal, reagiere ich nicht. Später schreibe ich Claudia eine lange E-Mail und erzähle ihr die ganze Geschichte in der Hoffnung, sie hätte eine Lösung für mein Problem. Claudias Antwort besteht jedoch nur aus zwei Worten: ‚Entspann dich!' Also ein bisschen mehr Verständnis hätte ich mir von meiner besten Freundin schon gewünscht. Aber wahrscheinlich macht das die Distanz, aus der sie die Dinge betrachten kann. Mir kommt ja alles, was mit Deutschland zu tun hat, zurzeit auch ziemlich unbedeutend vor, dabei bin ich doch nicht mal so weit weg. Mit dem Flugzeug könnte ich in einer Stunde zurück in Berlin sein, mit dem Zug in sechs Stunden. Aber soll ich abreisen, nur weil mir zwei durchaus leuke mannen ihre Liebe erklärt haben? Sind wir bei Jane Austen oder was?

Die gesamte nächste Woche gelingt es mir, das Haus an der Prinsengracht zu verlassen und zu betreten, ohne meine Mitbewohner direkt zu treffen. Bevor ich gehe, lausche ich an der Tür, ob sich draußen etwas bewegt. Wenn jemand in der Küche ist, gehe ich nicht in die Küche, und wenn im Flur das Telefon klingelt, gehe ich nicht ran.

Die Abende verbringe ich mit Marinus im Kino oder im Café. Der fragt zum Glück nicht nach, wundert sich aber offensichtlich auch nicht darüber, dass ich ständig vor seiner Tür stehe. Aber ewig halte ich das nicht durch. Am Sonntagmorgen, ich will mich gerade wieder an der Küchentür vorbeidrücken, wird die aufgerissen und Mathilde steht vor mir. „Sag mal, geht es dir noch ganz gut? Haben wir dir was getan? Du haust Silvester einfach ab, und jetzt schleichst du hier rum. Was soll das denn?" Ich stehe vor ihr wie ein Ladendieb, der beim Klau eines Lippenstiftes erwischt wurde, und beiße auf meiner Unterlippe rum. „Hallo, Mevrouw, ich warte."

Mathilde zieht mich in die Küche und drückt mich auf einen Stuhl. Ihr Tonfall wird etwas versöhnlicher. „Du sagst mir jetzt bitte, was los ist, wir machen uns schon Sorgen." – „Wir?" – „Ja, wir. Deine Mitbewohner Johan, Willem und meine Wenigkeit." – „Johan und Willem auch?" – „Ja zeker, Johan und Willem auch, warum denn nicht?" – „Haben sie dir denn nichts gesagt?" – „Nein, was denn?" Und dann erzähle ich Mathilde die Geschichte von Johan und Willem und mir, und

Mathilde hört mir zu, seufzt zwischendurch laut und schüttelt den Kopf.

„Ik hou van jou, das sind mir zwei Helden. Aber war ja klar, die haben ja schon seit Wochen rote Ohren, wenn sie mit dir reden." Rote Ohren, was haben die nur alle mit roten Ohren? „Und was soll ich jetzt machen?" – „Tja, liebst du sie denn auch, ich meine, wenigstens einen von beiden?" – „Da habe ich noch gar nicht drüber nachgedacht." – „Also nicht." – „Ach, ich weiß doch auch nicht."

Als ich erst Johan treffe und später auch Willem, zum Glück nicht gleichzeitig, tue ich so, als wenn nichts gewesen wäre und ich mir ihre Silvestergeständnisse nur eingebildet hätte. Beide Männer schauen mich mit dramatisch langen Blicken aus weit aufgerissenen Augen an, sagen aber nichts. Ich frage mich, ob sie wohl voneinander wissen, was sie mir da ins Ohr gesäuselt haben. Und auch wenn wir nicht darüber sprechen, irgendetwas ist doch anders in unserem Verhältnis.

Johan behandelt mich vorsichtig wie eine Kranke, will mir alles abnehmen, sogar das Tragen meiner Kaffeetasse vom ersten in den zweiten Stock. Willem dagegen gibt sich noch cooler als sonst, schenkt mir dauernd selbstgebrannte CDs, sodass ich langsam zum Experten von Nederpop werde, Doe Maar, Klein Orkest, Het Goede Doel, Bløf usw., ich höre mir alles an, worauf Willem so steht, zucke aber jedes Mal zusammen, wenn einer der Herren, denn es sind in der Regel Herren, schmachtend ‚ik hou van jou' singt, so als ob mir Willem damit eine persönliche Botschaft senden wollte.

Doch Mitte Januar passiert etwas, was ganz Amsterdam in Aufregung versetzt und mich entsprechend erfolgreich von meinen Herzproblemchen ablenkt. Die Grachten frieren zu! Ein Naturereignis, was noch bis Mitte des 20. Jahrhunderts regelmäßig passierte, wie Joop mir erzählt, der als Schuljunge sogar noch manchmal ‚schlittschuhfrei' hatte, was in den letzten Jahrzehnten immer seltener vorkommt. An sich ist da ja nichts weiter dabei, na gut, die Touristenboote können nicht mehr fahren, und die Hausbootbesitzer müssen kräftig heizen, damit ihnen das Eis nicht die Wohnzimmerwand eindrückt. Aber wenn die Grachten in Amsterdam zufrieren, heißt das, dass die Kanäle im gesamten Land längst zugefroren sind. Und das wiederum heißt, dass die gesamte Nation in ein kollektives Schlittschuhfieber verfällt. Es gibt nur noch ein Thema: schaatsen. (Ein Wort, das ähnlich wie Schiphol beim Aussprechen ein Geräusch verursacht, das dem des Schlittschuhs auf dem Eis durchaus ähnelt.)[1]

Und so wie die Holländer beim Radfahren einem gewissen Fanatismus anhängen, so tun sie das bei entsprechender Witterung beim Schlittschuhlaufen. Was im Grunde nur logisch ist, denn bei so viel Wasser im Land gibt es genug Möglichkeiten, auf Kufen durch die Gegend zu rutschen.

Mit Marinus und einem Paar geborgter Schlittschuhe von Mathilde schlittere ich noch etwas unsicher die Prinsengracht entlang. Das eröffnet ganz neue Perspektiven. Mein Haus sieht von der Mitte des Kanals viel größer aus als sonst, und die Räder todesmutiger Radfahrer, die sich auch von Eisglätte nicht abschrecken lassen, befinden sich jetzt auf Augenhöhe. In dieser Hinsicht ist das Schlittschuhlaufen auf jeden Fall die sicherere Methode, durch die Stadt zu kommen. Und in der Tat gibt es Menschen auf dem Eis, die mit Aktentasche in der Hand vom Büro nach Hause schlittern.

Die meisten sind aber zum Vergnügen da, Kinder fahren um die Wette, und fliegende Händler stehen mit Glühwein und Kakao am ‚Ufer‘. Aus einem offen stehenden Fenster erklingt Walzermusik, und gleich fangen ein paar Leute an, auf dem Eis zu tanzen. Auch Marinus und ich versuchen es, aber heraus kommt nur eine Art Lambada, vor allem, weil wir viel zu dick angezogen sind, um uns wirklich graziös übers Eis zu bewegen.

Als wir mit einem Becher Glühwein am Grachtenrand stehen, erzählt mir Marinus von der Elfstedentocht, der Elf-Städte-Tour, die für das Wochenende angekündigt ist. Noch so ein Ereignis, das das ganze Land in Atem hält. Eine fast zweihundert Kilometer lange Runde auf Natureis durch elf friesische Städte mit Start und Ziel in der Hauptstadt von Friesland, in Leeuwaarden.

„Passiert nur alle paar Jahre, und immer nur dann, wenn es eine geschlossene Eisdecke auf der Strecke gibt. Die erste Tour war 1909, die letzte 1997 und das war erst das 14. Mal. Der Gewinner ist so was wie ein Nationalheld. Du hast also großes Glück, das mitzuerleben." – „Wie, mitzuerleben?" – „Na, entweder im Fernsehen, oder du fährst mit mir am Samstag nach Friesland und wir schauen uns das live an, allerdings werden wir da nicht allein sein." – „Fahren da viele Leute hin?" – „So hunderttausend werden es schon sein." – „Hoppla. Aber warum nicht, wenn das so ein Jahrhundertereignis ist."

Doch dann kommt es nicht dazu, dass ich mit Marinus nach Leeuwaarden fahre, denn ich habe mir auf dem Eis so kalte Füße geholt, dass ich mich schon am Freitag im Buchladen krankmelden muss und das ganze Wochenende hustend und schniefend im Bett liege. Johan und Willem bringen mir abwechselnd Tee, und wenn sie sich dabei zufällig in meinem Zimmer begegnen, werfen sie sich böse Blicke zu. Eigentlich ist es doch schon wieder charmant, wie die beiden sich in einen unausgesprochenen Wettkampf um meine Sympathie begeben.

Und am Samstagvormittag springen sie sogar beide über ihren Schatten, denn ich habe sie gebeten, mir unseren Fernseher ins Zimmer zu bringen, damit ich mir die Elfstedentocht vom Bett aus ansehen kann. Und da sowohl Willem als auch Johan sich dieses Ereignis nicht entgehen lassen können, sitzen sie schließlich wie zwei Löwen vorm Eingang zur

Löwenhöhle links und rechts neben meinem Bett, reichen mir Kekse und Taschentücher, und wir schließen Wetten ab, wer von den Schlittschuhläufern wohl Sieger wird.

Am Montag darauf verdrängt dieser Sieger jedes weltpolitische Ereignis von den Titelseiten der nationalen Presse, auf zwei Seiten werden alle Teilnehmer mit ihrer Platzierung abgedruckt und in den Büros, Geschäften und Cafés reden alle nur noch übers schaatsen.

Leider reicht die Aufmerksamkeit meiner Mitbewohner nicht aus für meine Genesung, sodass ich beschließe, Joop in seiner Arztpraxis aufzusuchen. Der glaubt erst, dass ich ihn nur besuchen will, aber dann sieht er, wie blass ich bin, und winkt mich gleich zu sich in den Behandlungsraum. „Nou, in welchen Fluss bist du denn gefallen?" – „Ich weiß auch nicht, euer Volkswintersport ist mir wohl nicht ganz bekommen." Joop drückt mir ein bisschen am Hals rum, schaut mir in die Ohren und schreibt mir dann ein paar Tropfen und Tabletten auf. „Und eine Krankschreibung?" – „Eine was?" – „Eine Krankschreibung, für den Buchladen."

„Nou meid, die brauchst du vielleicht bei euch in Deutschland, aber nicht in Holland. Du rufst im Laden an, sagst, dass du krank bist und wie lange es dauert, und gut ist. Krankschreibung, das ist doch die reine Bevormundung." – „Hhmm, so habe ich das noch gar nicht gesehen. Aber sag mal, die Holländer scheinen auch nicht sehr oft krank zu sein, das Wartezimmer ist ganz leer gewesen, als ich kam." – „Ich glaube nicht, dass die Holländer seltener krank sind als die Deutschen, wir sind einfach nur besser organisiert. Es gibt feste Zeiten für bestellte Patienten und feste Zeiten für unbestellte Patienten. Meine Schwestern fangen die Leute ab, die nur nach einem Rezept fragen, und außerdem ist der Beruf des Hausarztes in Holland längst nicht so bürokratisch organisiert wie bei euch."

Als Antwort darauf bekomme ich einen heftigen Hustenanfall, kriege kaum noch Luft und laufe rot an. Joop reicht mir Taschentücher und ein Glas Wasser. „Das wird schon wieder, du bleibst eine Woche zu Hause, trinkst viel und schläfst viel. Ich muss auch gleich los, da ist eine ältere Dame, ich kenne sie schon sehr lang und jetzt hat sie mich gebeten, ihr beim Sterben zu helfen." Mein Husten wird schlimmer. Wie bitte, beim Sterben zu helfen? „Heißt das, du ...?"

„Ja, es kann sein, dass ich ihr in ein paar Tagen eine Spritze gebe. Aber vorher muss ich natürlich noch ein paar Dinge klären." – „Ach ja, was denn?" – „Die Familie muss informiert werden, die Frau muss ihren Wunsch vor Zeugen wiederholen, ich werde einen zweiten Arzt dazuholen, der auch noch einmal mit ihr spricht und mir bestätigt, dass die Frau voll zurechnungsfähig ist." – „Wie, das ist alles?"

„Nou meid, bitte, stell dir das nicht so einfach vor und glaub nicht, dass ich das jede Woche mache. Es fragen viele Leute nach Euthanasie, aber den meisten reicht es zu wissen, dass es möglich wäre. Sie fühlen sich dann sicherer. 99,99 Prozent der Holländer sterben immer noch ohne Beihilfe. Ihr Deutschen seid da viel zu misstrauisch. Ihr habt eine andere Geschichte, das verstehe ich schon. Aber ich respektiere den Wunsch, selbstbestimmt zu sterben. Das habe ich doch schon deinem Mitbewohner, diesem Katholiken, auf deinem Geburtstag erklärt."[2]

Ich glaube nicht, dass das das richtige Thema ist, wenn man sich selber nicht gut fühlt. „Aber ich werde schon wieder gesund?" Joop lacht und reibt mir väterlich den Rücken. „Ich glaube schon, und wenn nicht, kannst du dich vertrauensvoll an mich wenden, ein paar Aspirin habe ich immer für dich."

Anmerkungen zum januari

[1] Für die Aussprache von *sch* gibt es im Niederländischen eine einfache Regel: Man spricht das *s* und das *ch* getrennt, also erst das *s* wie ein *s* und dann das *ch* wie das *ch* in Buch oder Nacht. Auch das *g* wird wie ein ein *ch* gesprochen, im Norden der Niederlande wie das *ch* in Buch, im Süden dagegen und in Flandern wie das *ch* in weich oder leicht. Da *sch* und *g* im Niederländischen relativ häufig vorkommen, entsteht der typische Klang der Sprache.

[2] Genauso wie bei Schwangerschaftsabbrüchen gelten die Niederlande auch bei der Sterbehilfe als Vorreiter, was im Land selbst und auch international immer wieder zu heftigen Diskussionen führt. Aktive Sterbehilfe ist jedoch auch in den Niederlanden verboten, wird allerdings unter Einhaltung bestimmter Bedingungen seit 2002 nicht mehr strafrechtlich verfolgt.

februari

ICH BIN DANN ZIEMLICH SCHNELL wieder gesund geworden, und das Verhältnis zu meinen männlichen Mitbewohnern hat sich auch normalisiert. Von ‚ik hou van jou‘ ist keine Rede mehr, doch der Wettstreit um meine Aufmerksamkeit geht weiter. Es vergeht keine Woche, in der ich nicht von Johan oder Willem eingeladen werde, mir Amsterdam von seiner noch unentdeckten Seite anzusehen.

Und so lotst mich Johan an einem Sonntag in den Wald. Genauer gesagt, in den Amsterdamse Bos, den Amsterdamer Wald. Der ist nicht natürlich gewachsen, sondern entstand in den 1930er Jahren am Reißbrett, nachdem der Torf (das niederländische Wort für Torf ist übrigens veen, mein alter Freund heißt also eigentlich Herman vom Torf), der dort lagerte, als Brennmaterial abgetragen war.

Und weil man sich um die Erholungsmöglichkeiten der Amsterdamer Bevölkerung sorgte, legte man einen künstlichen Wald im ‚englischen Stil‘ an, der allen Freizeitbedürfnissen Genüge tun sollte. Als ich mit Johan ankomme, liegt dieser riesige Park unter eine Raureifdecke, und nur ein paar verstreute Spaziergänger sind unterwegs. An einer Kreuzung bleiben wir mit unseren Rädern stehen, und Johan macht einen Vorschlag: „Wir könnten uns den Ziegenbauernhof anschauen. Ist zwar eigentlich für Kinder, aber es ist ja keiner da, der es seltsam finden könnte.“ – „Meinetwegen. Hauptsache, wir wärmen uns danach irgendwo auf.“

Aber erst einmal radeln wir dem Geruch vom Bauernhof Ridammerhoeve nach, wo Ziegen, Hühner und Kühe ein glückliches und ökologisch wertvolles Leben führen.

145

Nachdem wir ein paar Ställe besichtigt haben und ein Mann in Latzhose und Gummistiefeln uns ein bisschen was über die Bioaufzucht von Nutzvieh erzählt hat, kauft Johan ein Stück Ziegenkäse und überreicht es mir mit einem so bedeutungsvollen Blick, dass es mich nicht wundern würde, wenn er mir mit dem nächsten Atemzug einen Heiratsantrag machen würde. Macht er aber nicht. Stattdessen fahren wir zur Boerderij Meerzicht, einem pannekoekenhuis, also einem Pfannkuchenhaus. Pfannkuchen bzw. Eierkuchen sind auch so ein niederländisches Nationalgericht und in ihrer Zubereitung etwas variabler als stamppot. Mich erinnern sie an Pizza, denn die Holländer begnügen sich nicht mit Puderzucker oder Apfelmus als Belag, sondern werfen alles drauf, was die Küche hergibt, Gemüse, Schinken, Käse, Champignons usw. Dadurch wird so ein Pfannkuchen zu einer richtigen Mahlzeit, aber die können Johan und ich nach unserer Tour durch den winterlichen Märchenwald auch gut gebrauchen.

Wir setzen uns an einen Tisch am Fenster, bestellen Tee und Pfannkuchen, und damit wir nicht rein zufällig auf den Silvesterabend zu sprechen kommen, lenke ich das Gespräch auf neutrales Terrain. „Johan, du musst mir mal was erklären." – „Was denn?" – „Also, in Deutschland, und ich glaube, auch im Rest der Welt, hat man ja immer so ein Bild von Holland und von Amsterdam, dass man meinen könnte, ihr seid die glücklichsten Menschen der Welt." Johan nickt und legt gleichzeitig die Stirn in Falten. „Aha, ist das so?" – „Ja, weil ihr doch alles dürft und hier alle so wahnsinnig tolerant sind und so frei, und alle duzen sich und so weiter." Johan lehnt sich zurück und verschränkt die Arme über der Brust. „Aha, ist das so?" – „Und da habe ich mich gefragt, wie sich das wohl anfühlt für euch selbst." – „Du meinst, ob wir wirklich so glücklich sind?" – „Ja genau."

Die Kellnerin bringt unsere Pfannkuchen, deren Durchmesser denen von Wagenrädern nahekommen. Nach den ersten

Bissen und mit vollem Mund kommt Johan auf meine Frage zurück. „Ob wir mit unserer Toleranz und unserer Freiheit wirklich so glücklich sind, wolltest du wissen, nicht wahr?" Johan nimmt einen Schluck Tee. „Ich denke da auch manchmal drüber nach. Wenn ich im Ausland bin, kommt immer irgendwann einer an, haut mir auf die Schulter und sagt: ‚Mensch, ihr Holländer, ihr seid mir schon ein beneidenswertes Völkchen, ihr raucht, was ihr wollt, ihr glaubt, was ihr wollt, so ein Leben wünschen wir uns auch.'" – „Siehst du."

„Nou ja, aber glaubt ihr da draußen denn wirklich, dass wir deswegen weniger Probleme haben?" – „Nicht?" – „Natuurlijk niet. Liest du keine Zeitung?" – „Doch, doch." – „Na also. Diese so genannte Toleranz ist hart erkämpft und stößt immer wieder an ihre Grenzen." – „Wie bei Theo van Gogh, dem Filmemacher, der von einem fanatischen Moslem erstochen wurde?" – „Wie bei Theo van Gogh, aber der ist nur ein dramatisches Beispiel. Weißt du, in den 1970ern und 1980ern, da haben wir uns hier selbst gefeiert und waren mächtig stolz darauf, wie wahnsinnig tolerant wir sind. Aber es gibt auch eine Art Diktatur der Toleranz. Wenn immer alles erlaubt ist, dann sind diejenigen, die bestimmte Dinge nicht tolerieren wollen, weil sie eigene Wertvorstellungen haben, außen vor. Und schon kehrt sich die Toleranz in ihr Gegenteil."[1] – „So habe ich das noch gar nicht gesehen."

Johan schiebt sich ein großes Stück Pfannkuchen in den Mund. Als er ausgekaut hat, redet er weiter. „Tja, und seit ein paar Jahren müssen wir uns eben fragen, wie wir bei all der Toleranz gegenüber allem und jedem unsere Gesellschaft zusammenhalten. Das klingt vielleicht etwas geschraubt, hat aber was mit Identität zu tun, verstehst du?" – „Also seid ihr doch gar nicht so glücklich, wie wir immer annehmen?" – „Ach ich weiß nicht, ob das was mit Glück zu tun hat. Ich bin schon ganz gerne Holländer, aber Freiheit ist eben nichts, worauf man sich ausruhen darf." – „Das hast du jetzt aber schön ge-

sagt." – „Ja, nicht wahr? Nimmst du auch noch einen Schoko-
ladenpudding als toetje, zum Nachtisch?" – „Heel graag, sehr
gern."

Als Willem mitbekommt, dass ich einen ganzen Tag mit Johan unterwegs war, bestürmt er mich seinerseits mit Frei-
zeitplänen. „Wir könnten nach Amsterdam-Noord fahren und
dort ein bisschen rumradeln und später irgendwo Kuchen
essen." – „Hab ich schon gemacht, im Sommer mit Johan." –
„Wir könnten nach Haarlem fahren." – „Da war ich leider
schon, im Sommer mit Mathilde." – „Concertgebouw?" – „Mit
Marinus." – „Rijksmuseum?" – „Mit Jan Sommers." – „Mensch
Betti, gibt es denn irgendetwas in Amsterdam, was du noch
nicht kennst?" – „Fällt mir jetzt so direkt nichts ein."
    „Dann fahren wir eben nach Bijlmermeer." – „Wohin?" –
„Nach Bijlmermeer." – „Ist das nicht dieses Ausländerviertel,
wo vor Jahren ein Luftfrachter draufgestürzt ist?" – „Ja, 1992.
Aber das sind keine Ausländer, das sind Holländer, die nur
woanders geboren sind, okay?" – „Sorry, war nicht so gemeint." – „Ich merke schon, da ist eine Ecke deiner Kenntnisse über unsere Stadt noch etwas unterbelichtet. Das müssen wir ändern."
    Nicht, dass ich besonders scharf darauf bin, mir ein Ams-
terdamer Neubauviertel aus den 1970er Jahren anzuschauen,
das wahrscheinlich genauso aussieht wie ein Pariser oder Berliner Neubauviertel, aber um Willem nicht zu enttäuschen,
fahre ich eben mit. Wir nehmen den Zug vom Amsterdam
Centraal Station bis Amsterdam Bijlmermeer, und Willem
scheint seine Mission sehr ernst zu nehmen. Er benimmt sich
jedenfalls wie ein Stadtführer kurz nach seiner Stadtführer-
prüfung.
    „So, meine Dame, wir befinden uns hier im Südosten von
Amsterdam im Stadtteil Bijlmermeer oder kurz Bijlmer. Der
Name Bijlmermeer verweist auf einen See, den es hier mal

gegeben hat und dessen Reste die Bewohner des Stadtteils zu Rast und Erholung einladen." – „Sag mal, Willem, hast du das auswendig gelernt?" – „Natuurlijk. Der Stadtteil ist aufgeteilt in die Viertel A bis K. Inspiriert vom berühmten Architekten Le Corbusier entwarf der Architekt Siegfried Nassuth ..." – „Ein Deutscher?" – „Nein, ausnahmsweise nicht, entwarf der Architekt Siegfried Nassuth in den Sechzigerjahren des letzten Jahrhunderts diesen Stadtteil für hunderttausend Menschen entsprechend funktionaler Erfordernisse und modernster Ansprüche."

„Also Willem, ich sehe hier nur ein paar langweilige Hochhäuser mit ein paar Bäumen drum herum." – „Mensch Betti, jetzt hast du mich drausgebracht, ich wollte doch noch was über die Geschichte sagen, und jetzt hab ich es vergessen." – „Das tut mir aber leid!" – „Ich glaub dir kein Wort. Los, wir gucken uns das jetzt mal an."

Und also laufen wir einmal kreuz und quer durch den Bijlmer. Ein Hochhaus sieht aus wie das andere, manche davon sind schon etwas mitgenommen von der Zeit, und auf der Straße begegnen uns fast nur Holländer, die woanders geboren sind. Einige drehen sich sogar nach dem blonden Hünen neben mir um.

„Na ja, in den Siebzigern hat man eben noch dran geglaubt, dass die Leute gern in Hochhäusern wohnen. Und jetzt zieht jeder, der es sich leisten kann, weg, der Rest bleibt und fühlt sich ausgeschlossen." – „Kommt mir bekannt vor." – „Die versuchen hier schon viel, im Sommer gibt es das Kwakoe Festival, das kommt ursprünglich aus Suriname, wo viele der Bewohner herkommen. Da ist immer richtig was los. Aber ich sag dir, von meinen vielen Freunden waren die meisten noch nicht ein Mal hier, von wegen multiculturele samenleving."

„Bei uns in Deutschland heißt so was ‚sozialer Brennpunkt'." Willem lacht. „Bei uns in Holland heißt so was probleemwijk, Problemviertel. Davon gibt es angeblich vierzig in

149

ganz Holland. Bijlmer gehört dazu. Und weißt du, wie ich das Viertel nenne, wo wir wohnen?" – „Nö, aber du wirst es mir sicher gleich sagen." – „Problemtjeswijk." – „Problemchenviertel?" – „Ja, wir haben doch keine Probleme, wir haben Problemchen, bei uns geht es nicht um die Existenz, bei uns geht es darum, ob wir morgen lieber den roten oder den grünen Pullover anziehen, ob wir lieber De Dijk oder Herman van Veen hören und ob die Frau, in die wir verliebt sind, das überhaupt wissen will."

Als Willem das sagt, stehen wir bereits wieder am Bahnsteig der Centraal Station, und ich glaube, ich sollte unseren Ausflug jetzt so schnell wie möglich beenden. Den folgenden Satz sage ich schon im Gehen, rückwärts und winkend. „Du Willem, ich müsste dann doch noch mal im Buchladen vorbei, Maartje meint, sie hätten den neuen Roman von Margriet de Moor reinbekommen, den ich unbedingt lesen müsste."

Das war knapp. Am Abend treffe ich mich mit Mathilde in einem Café, von dem sie mir zuvor versichert hat, dass dort weder Johan noch Willem auftauchen. Ich bin ganz schön deprimiert. „Ich weiß wirklich nicht, wie ich aus der Nummer einigermaßen elegant rauskommen soll. Da bleibt wohl nur, dass ich mir für die letzten paar Wochen eine andere Bleibe suche."

„Onzin, Unsinn! Die kriegen sich schon wieder ein. Vielleicht musst du einfach weniger nett zu ihnen sein, nicht mit Johan in den Wald und nicht mit Willem nach Bijlmer fahren. Und überhaupt, was ist eigentlich mit Marinus?" – „Wie, mit Marinus, nichts ist mit dem, warum fragst du?" – „Gibt es da nicht dieses deutsche Sprichwort: ,Wenn zwei Ärger haben, lacht ein anderer'?" – „Du meinst: ,Wenn zwei sich streiten, freut sich der Dritte.' Na ja, das ist auch ein bisschen einfach." – „Wieso? Ich finde Marinus sehr nett." – „Ist er auch, also wenn du willst, ich stell ihn dir gern vor." – „Hartelijk bedankt, geen behoefde, kein Bedarf."

„Aha, wie habe ich das zu verstehen? Kein Bedarf, weil einer da ist, oder kein Bedarf, weil kein Bedarf?" Mathilde seufzt und bestellt uns zwei Wein. „Kein Bedarf, weil einer da ist und doch wieder nicht." – „Oh, liefde à la Amsterdam?" – „Nee, Liebe à la ,einer, der sich nicht entscheiden kann'." – „Darüber habe ich schon viele Filme gesehen." – „Ik ook, zu viele, wenn du mich fragst." Mathilde guckt mich mit leicht umflortem Blick an, spielt etwas zu andächtig mit ihren langen Haaren und ich habe das Gefühl, dass wir schleunigst das Thema wechseln sollten.

„Apropos Film. Du kennst dich doch so gut aus in der holländischen Kunst. Ich glaube, ich habe in meinem ganzen Leben noch nie einen holländischen Spielfilm gesehen. Gibt es da überhaupt welche?" Mathildes Gesichtsausdruck hellt sich sofort auf. „Das glaube ich nicht! Du kennst ,Turks fruit' nicht oder ,Antonia', ,De Noorderlingen', ,Flodder'?" – „Nee, sorry, nie gehört." – „Halleluja, aber auf der ganzen Welt sollen wir eure Fassbinders und Wenders kennen, ja?" Mathilde wird plötzlich richtig wach. „Nein, sollt ihr gar nicht. Entschuldige bitte, dass ich mich nicht ausführlich genug vorbereitet habe."

Mathilde, die in diesem Moment unter dem typischen Kleine-Länder-Syndrom leidet, was sich bei ihr durch rote Flecken am Hals und im Gesicht äußert, beruhigt sich langsam wieder. „Also wirklich. ,Antonia' hat immerhin den Oscar bekommen, 1996, für den besten ausländischen Film."

„Ach du meinst ,Antonias Welt'? Mit diesen Frauen auf dem Dorf? Und Antonia ist diese stattliche Dame, die alles im Griff hat? Doch, den hab ich irgendwann mal gesehen. Allerdings synchronisiert, deshalb dachte ich auch, der Film kommt aus Schweden." Die Flecken in Mathildes Gesicht werden wieder dunkler. „Du solltest dir gut überlegen, was du sagst! Schweden, also wirklich!" Mathilde schüttelt den Kopf. Ich lege etwas mehr Schmalz in meine Stimme.

„Liebe Mathilde, sei mir nicht böse, du weißt doch, wir Deutschen halten uns für den Nabel der Welt, aber ich bin doch extra hergekommen, um mich zu bilden, um von euch zu lernen, um mir in den nächsten Wochen ganz viele holländische Filme anzusehen und dann in Berlin allen meinen Freunden von eurer Filmkunst vorzuschwärmen."

Jetzt muss Mathilde wieder lachen. „Ach du spinnst ja. Aber ehrlich, wenn du was wissen willst über unsere Kultur und so, dann kannst du ruhig mal ins Filmmuseum gehen, das steht im Vondelpark. Oder du fragst Willem, der sammelt nicht nur Nederpop, sondern auch Nederfilm." – „Ach, muss das sein? Kannst du ihn vielleicht für mich fragen?"

Jetzt hat Mathilde wieder ihre ursprüngliche Gesichtsfarbe und lacht fröhlich. „Na klar, Frau Baltschev, und jetzt gehen wir noch ins Odeon und suchen uns ein paar richtige Männer."

Willem hat sich von meinem Abgang am Bahnsteig offensichtlich nicht beeindrucken lassen. Eine Woche später, an einem Samstagmittag, ich schreibe gerade E-Mails in die Heimat, steht er in meiner Zimmertür. „Ich fahre nach Westfriesland zu meinen Eltern, kommst du mit?" – „Äh, ja also, eigentlich wollte ich ..." – „O Mann, Betti, das ist langweilig, komm schon mit, du musst auch bestimmt nicht mit mir in einem Bett schlafen, und ich werde auch ganz bestimmt nicht über Gefühle reden, okay?" Was soll man denn darauf antworten?

„Jetzt sag schon: Ja, toll, ich wollte schon immer mal nach Westfriesland." – „Äh, ja also, eigentlich wollte ich schon immer mal nach Westfriesland." – „Na also, geht doch."

Zwei Stunden später sitzen wir schon im Zug. Westfriesland liegt nördlich von Amsterdam und gehört noch zur Provinz Noord-Holland. Kurz nachdem wir den Großraum Amsterdam verlassen haben, besteht die Landschaft nur noch aus Weite, Wasser, Nebel und verstreuten Katen.

„Willem, wo genau fahren wir jetzt hin?" – „Nach Blokker bei Hoorn, das ist das Dorf, in dem aufgewachsen bin." – „Aha." – „Du wirst sehen, das ist mal was ganz anderes als Großstadt. Meine Mutter hat sicher was Gutes gekocht und morgen früh gehen wir alle gemeinsam in die Kirche, das wird richtig gezellig." – „In die Kirche?" – „Ja, warum denn nicht? Man kann doch wenigstens einmal im Jahr in die Kirche gehen, oder?"

Solange ich in dieser Kirche nicht gefragt werde, ob ich den hier anwesenden Willem zu meinem mir angetrauten Ehemann nehmen will. War vielleicht doch nicht so eine gute Idee, mit Willem zu seinen Eltern zu fahren. Mathilde wird sicher wieder den Kopf schütteln, dabei versuche ich doch nur, deutsch-niederländische Vorurteile abzubauen und damit indirekt auch den Weltfrieden zu stabilisieren. „Also gut, in die Kirche."

„Und später zeige ich dir mal, wie man Kühe melkt. Früher hatten wir dreißig Kühe, aber seit Papa in Rente ist, sind es nur noch drei, für den Eigenbedarf." Das wird ja immer besser. Erst in die Kirche und dann in den Kuhstall, ich weiß nicht, wovor mir mehr graut. Ich versuche von meinen inneren Zweifeln keine nach außen dringen zu lassen und kriege sogar eine Art Lächeln hin.

„Da borgt mir deine Mutter doch sicher ein paar Gummistiefel." – „Na klar, das macht sie, ich hab ihr schon von dir erzählt, sie freut sich, dich kennenzulernen." Wie bitte? Das ist eine Falle, das kann nur eine Falle sein! Noch ist es nicht zu spät, ich könnte einen Schwächeanfall markieren und an der nächsten Haltestelle aussteigen, um schleunigst wieder nach Amsterdam zu kommen.

„Wir sind gleich da, nächste Station ist schon Hoorn. Da holt uns Papa ab." Es ist doch zu spät! Wenn Willem wenigstens nicht immer von ‚Papa' reden würde wie ein Fünfjähriger.

Dieser Papa sieht genau so aus, wie Willem in dreißig Jahren wohl auch aussehen wird. Genauso blond, genauso breitschultrig, aber längst nicht so laut und nervös wie mein Mitbewohner. Er drückt mir auch keine Küsschen ins Gesicht, sondern reicht mir die Hand, nickt bloß und lässt uns in seinen Kastenwagen steigen. Auf der Fahrt reden die Männer ein paar Sätze, die ich, obwohl ich mittlerweile schon ganz gut bin im Niederländischen, nicht verstehe. Wie ich später mitbekomme, liegt das daran, dass Willem und sein Vater gar nicht Niederländisch, sondern Friesisch (was hier fries bzw. im Original frysk heißt) miteinander sprechen, und das ist kein Dialekt, sondern eine eigenständige Sprache, die von immerhin vierhunderttausend Menschen gesprochen wird. In seiner Freizeit ist Willems Vater Sprachpfleger und hat jede Woche eine halbe Stunde im Lokalfunk, wo er auf Friesisch über Gott und die Welt plaudert.

Wenn einer der Männer zu mir rüberschaut, lächle ich höflich und nicke verständnisvoll, was bleibt mir auch anderes übrig. Als wir an dem alten Bauernhaus anhalten, in dem Willem aufgewachsen ist und dessen reetgedecktes Dach sich fast bis zum Boden zieht, steht Willems Mutter schon in der Tür, mit gelben klompen an den Füßen, einer Schürze um die Hüften und den Händen voller Teig. Sie ist gerade dabei, einen Kuchen zu backen, den wir später in der guten Stube essen werden.

Diese Stube ist so niedrig und von schweren dunklen Holzbalken gehalten, dass beide Männer, Vater und Sohn, immer wieder den Kopf einziehen müssen, aber das scheint ihnen so in Fleisch und Blut übergegangen zu sein, dass sie es gar nicht mehr merken. Willems Mutter und ich können dagegen aufrecht stehen.

Meine anfänglichen Bedenken hinsichtlich Willems Absichten sind bald verflogen. Seine Eltern sind, obwohl sie viel weniger reden als Willem, oder gerade deswegen, ganz reizende

Personen, die mich aufnehmen, als wenn ich schon seit Jahren zu Besuch käme. Weil ich kalte Füße habe, bringt mir Willems Vater dicke Wollsocken, und als ich seine Mutter um eine Tasse Tee bitte, stellt sie mir gleich eine ganze Kanne hin. Und als Willems Vater merkt, dass es mit meinen Friesisch-Kenntnissen nicht sehr weit her ist, schaltet er sofort auf Niederländisch um und erkundigt sich nach jedem fünften Satz danach, ob ich ihm noch folgen kann.

Ich sitze mittlerweile auf einem tiefen Sofa unter dem Fenster zum Hof, habe eine schnurrende Katze auf dem Schoß und müsste mich die nächsten Stunden eigentlich nicht mehr wegbewegen, aber nach Kaffee und Kuchen will mir Willem den Rest des Anwesens zeigen. Außerdem hat sich der Nebel gelichtet, die Wintersonne zeigt sich gnädig, und die gute Landluft würde mir Stadtpflanze guttun, meint jedenfalls mein Mitbewohner.

Hinter dem Bauernhaus steht ein großes Gebäude ohne Fenster, aber mit schweren Holztüren. „Da standen früher unsere Kühe drin. Mann, ich hatte die echt lieb, jede einzelne." Willem drückt eine der Türen auf, dahinter stehen jetzt ein altes Auto und landwirtschaftliche Gerätschaften. „Und warum bist du kein Bauer geworden?" – „Nou, das lohnt sich doch nicht mehr heute, ist doch auch alles industrialisiert. Mir tun die Viecher nur leid, wenn die da zu Hunderten im Stall stehen."

Aus einer Ecke hören wir ein eindringliches Muhen. „Ha, da sind sie ja, ich dachte, die stehen längst auf der Weide. Darf ich vorstellen, Leni, Tilli und Betti, unsere Lieblingskühe!" – „Bitte, was hast du gesagt, wie heißen die?" – „Leni, Tilli und Betti? Warum?" – „Eure Kuh heißt Betti? Das glaub ich jetzt nicht!"

Willem scheint die Parallele noch gar nicht bemerkt zu haben. Aber ich hyperventiliere bereits derart, dass er es schließlich doch merkt und sich vor Lachen bald nicht mehr halten

155

kann. „Nou zeg, geweldig! Das ist mir noch gar nicht aufgefallen, das muss ich Papa erzählen! Betti und Betti, das ist ja großartig!" Es fehlt nur noch, dass er sich lachend ins Stroh wirft, ich weiß wirklich nicht, was daran lustig sein soll.

„Für dich ab jetzt nur noch Bettina, ist das klar?" Willem schnappt nach Luft. „Okay, okay, aber ich kann dir leider nicht garantieren, dass ich es nicht Mathilde und Johan erzähle, das ist einfach zu komisch." – „Untersteh dich!" – „Aber du musst doch wirklich zugeben, unsere Betti ist mindestens genauso niedlich wie du." Das muss ich mir nicht sagen lassen, da bleibt mir nur noch die Flucht.

Hinterm Stall führt ein schmaler Pfad auf eine Weide, die scheinbar endlos ist. Die Winterluft kühlt meinen Kopf, und jetzt muss ich auch ein bisschen lachen über meine Namensvetterin. Allerdings darf Willem davon nichts merken. Der rennt mir schon hinterher, und um mich aufzumuntern, erzählt er mir Anekdoten aus seiner Kindheit auf dem Dorfe, als auch er den ganzen Sommer klompen trug und mit bloßen Händen Frösche aus dem Dorfteich gefischt hat.

Als es zu dämmern beginnt, laufen wir zurück zum Haus, wo die Töpfe mit Fleisch, Kartoffeln und Gemüse schon auf dem Tisch stehen, dazu Landwein und Bier. Nach dem Essen bleiben wir sitzen, und ich erzähle ein bisschen von meiner Jugend hinterm Eisernen Vorhang, was Willems Eltern wahnsinnig aufregend und interessant finden. Ich beantworte Fragen, die ich immer wieder beantworte, wenn ich ins Ausland komme. Ja, wir hatten auch Fernsehen, und ja, wir hatten auch immer genug zu essen.

Später spielen wir klaverjassen, ein mir bis dahin vollkommen unbekanntes Kartenspiel, dessen Reiz vor allem darin liegt, dass man es paarweise spielt und man sich somit nicht alleine ärgert, wenn man verliert.

Als ich dann in einer kleinen Kammer unterm Dach, dem ehemaligen Kinderzimmer von Willems Schwester (von der

er mir seltsamerweise nie etwas erzählt hat), unter einem
dicken Federbett liege, rufen Willem und ich uns noch ein
paar Albernheiten zu, und später kann ich ihn in der Kammer
nebenan schnarchen hören. Draußen verfängt sich der Wind
im Reet, und ich schlafe so gut wie lange nicht mehr.

Am nächsten Morgen muss ich dann tatsächlich mit in die
Kirche. Und siehe da, die ist auch noch voll. Als wir uns in
eine der Kirchenbänke schieben, frage ich Willem flüsternd,
ob wir einen kirchlichen Feiertag begehen, den ich verpasst
habe, aber er flüstert nur zurück, dass es hier auf dem Land
zum guten Ton gehöre, sich in der Gemeinde zu engagieren,
und wer nicht als Außenseiter durchs Leben gehen will, geht
eben sonntags in die Kirche.

Ich gebe mir große Mühe, meine Augen offen zu halten,
und richte mich gerade darauf ein, eine langweilige Predigt
über mich ergehen zu lassen, als der Pfarrer die Kirche betritt.
Und da bin ich sofort wach. Denn vor uns steht ein Mann,
der so ganz und gar nicht nach Pfarrer aussieht. Dieser Mann
ist jung, trägt seine Haare offen und hat eine Ausstrahlung,
meine Herren, kein Wunder, dass die Kirche voll ist.

Und dann erzählt uns dieser Mann erst mal gar nichts
über Gott, sondern er redet über die nederlandse samenleving,
genau darüber, worüber ich gerade noch mit Johan gesprochen
habe.

Er spricht davon, dass alle Welt Holland für ein tolerantes
Land halten würde, dass Toleranz aber ein hohes Gut sei, das
nicht von allein in die Welt käme und das nicht gottgegeben
sei. Er redet über den Politiker Pim Fortuyn, der wie Theo
van Gogh ermordet wurde, und zwar nicht von einem alloch-
toon, sondern von einem radikalen Tierschützer.[2] Er redet über
Ayaan Hirsi Ali, die aus Afrika nach Holland kam, weil sie
glaubte, hier die Freiheit zu finden, und die jetzt rund um die
Uhr unter Polizeischutz steht, weil sie diese Freiheit für alle

einfordert, auch für muslimische Frauen.[3] Sie alle seien die
Opfer von Extremisten, aber sie seien auch die Opfer einer
Gesellschaft, die zu lange glaubte, mit Toleranz allein ließen
sich alle Probleme lösen, einer Gesellschaft, die sich auf Wer-
ten aus der Vergangenheit ausgeruht hat, statt sich neuen Wer-
ten zu öffnen.

Die Menschen um mich herum murmeln zustimmend,
manchmal klatscht sogar jemand. Jetzt verstehe ich, warum
Willem unbedingt hierher wollte. Er sitzt ganz andächtig
neben mir, und auch seine Eltern haben einen entrückten
Gesichtsausdruck, als wenn da vorn der Messias persönlich
stünde.

Als die Predigt vorbei ist, singen alle zusammen ein paar
Lieder, deren Melodien mir irgendwie bekannt vorkommen.
Willem kennt sie alle auswendig, sein Bass tönt über die Bän-
ke bis zum Altar.

Nach dem Gottesdienst ist koffietijd, Kaffeezeit, das heißt,
man trifft sich im Gemeinderaum neben der Kirche, rekapitu-
liert das Gehörte und plaudert noch ein bisschen mit diesem
und jenem. Wenn man Glück hat, hat sogar der langhaarige
Messias noch ein paar Sätze für einen übrig. Ich habe Glück.

„Goede morgen, bist du neu in der Gegend?" Sogar vom
Pfarrer wird man geduzt. „Nein, ich bin nur zu Besuch." –
„Ah, bei Willems Familie. Sehr nette Leute. Grüß sie von mir
und sag ihnen, ich werde bald vorbeikommen, wir haben noch
einiges zu besprechen." – „Ach, was denn?" – „Das weißt du
nicht? Über Willems Schwester, ihr Todestag jährt sich bald
das erste Mal und da will ich der Familie natürlich beistehen."

Ich muss schlucken und verabschiede mich schnell. Den
Rest des Tages frage ich mich, ob ich Willem darauf anspre-
chen soll, aber solange wir im Haus seiner Kindheit sind, gelingt es mir nicht. Schließlich, im Zug zurück nach Amsterdam, frage ich ihn doch.

„Willem?" – „Ja." – „Was ist mit deiner Schwester passiert?"

Er guckt mich an, als wenn ich ihn gerade gebeten hätte, mir die Butter zu reichen. „Zusje Ida, meine kleine Schwester?" – „Ida hieß sie?" – „Ja, Ida." – „Was ist passiert?" – „Tumor, sie hat nur ein paar Monate leiden müssen, zum Glück." – „Und du?" – „Wie, ich? Ich lebe. Das siehst du doch."

„Willem, bitte, du hast nie davon erzählt." Er tippt sich auf seinen breiten Brustkasten. „Ida ist hier drin, und wenn ich in Blokker bin, ist sie um mich rum. Und weißt du, es war schön, dass du in ihrem Bett geschlafen hast letzte Nacht, es hat sich ein bisschen angefühlt wie früher, als wir Kinder waren."

Dann dreht sich der große starke Willem weg von mir und schaut lange aus dem Fenster in die dunkle Februarnacht.

Anmerkungen zum februari

1 Der Publizist, Kolumnist, Moderator, Schauspieler und Filmemacher Theo van Gogh (1957–2004) war eine der prominentesten und umstrittensten Figuren der Niederlande, der es liebte zu provozieren, sich auf sein Recht auf freie Meinungsäußerung berief und es dabei besonders auf die gläubigen Muslime des Landes abgesehen hatte. Er wurde 2004 im Osten Amsterdams auf offener Straße von Mohammed Bouyeri, einem radikal-islamischen Immigrantensohn marokkanischer Herkunft, ermordet, was die Debatte um die Grenzen der niederländischen Toleranz stark anheizte.

2 Pim Fortuyn (1948–2002) war ein Politiker und Autor, der, nachdem er in keiner bereits bestehenden Partei eine politische Heimat fand, im Februar 2002 eine eigene ‚Liste Pim Fortuyn' gründete. Seine politischen Aussagen zielten gegen eine vermeintliche ‚Islamisierung' des Landes, die ihm Vergleiche mit Haider und Le Pen eintrugen. Er selbst, der parallel zu seiner politischen Karriere das Leben eines homosexuellen Dandys führte, sah sich jedoch als ‚libertären Populisten'. Zehn Tage vor den Parlamentswahlen im Mai 2002, für die Fortuyn großer Erfolg vorausgesagt wurde, wurde er auf einem Parkplatz des niederländischen Rundfunks in Hilversum von Volkert van de Graaf, einem radikalen Tierschützer, ermordet. 2004 wurde Fortuyn in einer Fernsehsendung noch vor Willem van Oranje zum ‚Größten Niederländer aller Zeiten' gewählt.

3 Ayaan Hirsi Ali, geboren 1969 in Mogadischu, ist eine der bekanntesten Politikerinnen, Frauenrechtlerinnen und Islamkritikerinnen der Niederlande. Als Parlamentsmitglied machte sie Furore mit Aussagen über die missglückte Integrationspolitik der Niederlande, von der sie als Flüchtling aus Somalia selbst profitiert hatte. Sie äußerte heftige Kritik an den Islamschulen im Land. Gemeinsam mit Theo van Gogh schrieb sie das Drehbuch zu dem Film ‚Submission (Part I)', der die Misshandlung muslimischer Frauen thematisiert. In einem Brief, den der Mörder von Theo van Gogh bei seinem Opfer hinterlassen hatte, wird Hirsi Ali dasselbe Schicksal angedroht. Seitdem lebt Ayaan Hirsi Ali an wechselnden Orten und unter permanentem Polizeischutz.

maart

IM MÄRZ lässt auch in Amsterdam der Regen langsam
nach. Wenn die Sonne scheint und man sich ein windgeschütz-
tes Eckchen sucht, kommen sogar so etwas wie Frühlings-
gefühle auf. Meine haben kein direktes Ziel, sondern verbrei-
ten sich diffus in alle Richtungen, als könnte ich die ganze
Stadt auf einmal umarmen.

Dazu komme ich allerdings nicht, denn im Buchladen ist
die Hölle los. Nicht in meiner Abteilung international literature, aber in allen anderen Abteilungen. Wie jedes Jahr im
März ist nämlich in ganz Holland boekenweek, Bücherwoche.
Diese Woche sorgt seit 73 Jahren dafür, dass auch der lese-
muffeligste Holländer einmal im nächsten Buchladen vorbei-
schaut, denn immerhin gibt es etwas geschenkt, das boeken-
weekgeschenk, das Bücherwochengeschenk. Dabei handelt es
sich um ein Büchlein, das von einem prominenten niederländischen Autor speziell für diese Woche geschrieben wird und
das es beim Kauf von ein bis zwei weiteren Büchern gratis
dazu gibt, und dabei ist es ganz egal, ob man sich für Lyrik des
Mittelalters oder für ein Kochbuch entscheidet. Die Kassen
des Buchhandels klingeln in dieser Woche wie sonst nur kurz
vor Sinterklaas. Das alles hat natürlich nur den einen guten
Zweck, das holländische Volk zum Lesen zu überreden. Und
weil das noch nicht reicht, darf jeder, der so ein Bücherwochengeschenk erworben hat, am letzten Tag der Bücherwoche
auch noch einen Tag lang umsonst mit der Eisenbahn durch
ganz Holland reisen. Auf dem boekenbal, dem Bücherball,
lässt sich der Autor des Bücherwochengeschenks derweil ge-
bührend feiern.

161

Mein Chef Klaas hat uns Urlaubsverbot für diese Woche erteilt, und so wuchten wir jeden Tag neue Stapel populärer und weniger populärer Literatur aus dem Lager in den Verkaufsraum. Jeroen hat in unseren Schaufenstern Bücher des diesjährigen Autors drapiert, und für alle Kunden gibt es Kaffee und Kekse, damit sie möglichst lange im Laden bleiben und möglichst oft zu Spontankäufen verführt werden. Wir feiern die Literatur und Umsatzrekorde. Am Ende der Woche drückt Klaas jedem von uns hundert Euro Prämie in die Hand, wir sollen uns was Nettes kaufen. Das nenne ich doch Mitarbeiterbindung!

Marinus kommt in dieser Woche dreimal im Laden vorbei, er ist in der Korrekturphase seiner Doktorarbeit und will sichergehen, keine aktuellen Publikationen zur Exilliteratur zu verpassen. Ich versichere ihm, dass zu diesem Thema ganz sicher nicht alle paar Tage neue Bücher erscheinen, und drücke ihm ein Bücherwochengeschenk in die Hand, obwohl er gar nichts gekauft hat.

„Hier, lies zur Abwechslung mal was anderes, das beruhigt." Aber Marinus will davon nicht wissen und gibt mir das Bücherwochengeschenk mit spitzen Fingern zurück. „Glaubst du wirklich, ich wäre so ein Quartalsleser wie die meisten meiner Landsleute? Guck dir doch mal den Einband an, der zerfällt, wenn ich ihn nur scharf angucke." – „Na und, Hauptsache die Leute lesen, auch wenn es nur einmal im Jahr ist. So groß, wie hier der Andrang ist, scheint es doch zu funktionieren."

Marinus verzieht das Gesicht, holt ein Päckchen Tabak aus seiner Jackentasche und fängt an, sich eine Zigarette zu drehen. „Nou, kaufen heißt noch lange nicht lesen, und bei mir ist im Übrigen jede Woche Bücherwoche, verstanden? Sehen wir uns heute Abend, Café de Swart?" – „Gern, aber nur, wenn du dich nicht weiter über deine Landsleute echauffierst." – „Du, ich bin da total tolerant, offen, verständnisvoll, gelassen ..." – „Ja, ja, typisch holländisch." – „Precies."

162

Am Abend bin ich eigentlich viel zu müde vom Bücherstapeln, aber die Luft, die durch mein Fenster weht, ist so mild und riecht so frisch, dass ich regelrecht nach draußen gezogen werde, nur um einige hundert Meter weiter in den Dunst des Café de Swart einzutauchen, wo Marinus aber offensichtlich gar nicht auf mich wartet, sondern ins Gespräch mit einem älteren Herrn mit Pfeife vertieft ist. Ich bestelle mir ein pilsje, und als Marinus mich zwischen den Leuten entdeckt, winkt er mich zu sich rüber, grüßt mich aber nicht und stellt mich auch nicht vor, sondern redet weiter auf den älteren Herrn mit Pfeife ein. Ich verstehe nur so viel, dass es um Bücher geht und dass Marinus irgendetwas nicht gefällt, was der ältere Herr geschrieben haben muss.

„Das hat keine innere Logik, verstehst du? Das ist nicht nachvollziehbar, wenn man nicht weiß, wo dieser Mann herkommt, wie soll man dann seine Geschichte verstehen?" Marinus hat einen roten Kopf vor lauter Aufregung, aber der ältere Mann antwortet gar nicht, wiegt nur seine grauen Locken, nickt bedächtig und stopft seine Pfeife. Marinus schaut zu mir rüber und zuckt mit den Schultern, so als wollte er mir andeuten, diesem Mann sei nicht zu helfen. Als der mit dem Stopfen seiner Pfeife fertig ist, sagt er doch noch etwas. „Ich werde darüber nachdenken."

Dann dreht er sich um und verlässt das Café. Marinus sieht ihm nach. „Ich brauche noch ein Bier."– „Goeden avond erst mal! Der alte Mann kam mir irgendwie bekannt vor." – „Ja, den kennst du aus deinem Laden." – „Ein Kunde?" – „Nee hoor, kein Kunde, das war Harry Mulisch." – „Wie? Der Harry Mulisch?" Marinus schaut mich etwas irritiert an. „Ja, vielleicht auch der Harry Mulisch. Entschuldige, ich muss was trinken."

Als Marinus von der Bar zurückkommt, bin ich immer noch perplex. „Also noch mal zum Mitschreiben, du stehst hier im Café de Swart und erzählst dem berühmten Harry Mulisch, wie er seine Bücher zu schreiben hat?" Marinus dreht

163

sich, na, was schon, eine Zigarette. „Klar. Der ist doch froh, wenn einer mal ehrlich zu ihm ist. Normalerweise wird er behandelt wie Gott persönlich, die Leute fallen bald um vor lauter Ehrfurcht, dabei ist das dem Harry ziemlich egal."

„Dem Harry? Sag bloß, den duzt du auch noch?" – „Meine Güte, hast du dich immer noch nicht daran gewöhnt? Lass uns über was anderes reden. Was machen eigentlich deine verliebten Mitbewohner?" Ich merke, wie mir die Hitze in die Wangen steigt. „Och ja, sie geben sich Mühe."

Und dann erzähle ich Marinus über meinen Ausflug nach Bijlmermeer und über die Kuh Betti in Blokker. Marinus amüsiert sich köstlich, und als wir das Café verlassen, wird es draußen schon hell. Durch die erwachende Stadt, in der außer uns nur Straßenkehrer und streunende Hunde unterwegs sind, laufen wir nach Hause.

Am nächsten Tag stehen zwei Leute im Buchladen, die ich auch schon lange nicht mehr gesehen habe. „Hallo Nettie, hallo Jan, das ist ja schön, wollt ihr mich besuchen?" – „Nein, wir wollen dich abholen!" – „Oh, aber ich muss noch zwei Stunden arbeiten." – „Musst du nicht, ich hab das mit deinem Chef besprochen. Er ist einverstanden mit unserer Mission." – „Mission, was denn für eine Mission?"

Aber da stehe ich auch schon vor dem Laden, wir schwingen uns auf unsere Fahrräder, und zehn Minuten später stehen wir am Museumplein, aber wir besuchen nicht das Rijksmuseum und auch nicht das Concertgebouw, sondern, wenn man so will, den, neben Rembrandt, berühmtesten Sohn der Niederlande: Vincent Willem van Gogh.[1] Das Hauptgebäude vom Van-Gogh-Museum ist gerade so alt wie ich und hebt sich deshalb von seiner Umgebung durch eine recht kühle, für mein romantisches Architekturverständnis nicht sonderlich einladende Bauweise ab. Beton und Glas, vor dem Eingang eine ca. hundert Meter lange polyglotte Menschenreihe,

164

allerdings sind das nur ein paar, verglichen mit den 1,7 Millionen Besuchern jährlich.

„O Gott, müssen wir uns da jetzt anstellen?" – „Nee hoor", sagt Jan Sommers, „komm einfach mit, ich hab Tickets, und du hast doch sicher deine museumkaart dabei, die ich dir geschenkt habe?" Ich nicke. „Hast du sie denn oft gebrauchen können?" Ich mache eine unbestimmte Kopfbewegung. Jan lacht. „Das habe ich mir gedacht. Aber um den hier kommst du nicht herum." Er weist auf ein großes Poster mit einem Porträt von Vincent van Gogh, das in der Kassenhalle hängt.

„Du, das Museum stand ganz oben auf meiner Liste, ehrlich!" Nettie läuft uns voraus. „Nun kommt schon, wir schauen uns am besten erst mal die Sammlung an, dann können wir uns noch den zusätzlichen Ausstellungen widmen."

Na, ich bin ja gespannt, wann wir hier wieder rauskommen. Jan ist wie immer gut vorbereitet. „Zweihundert Bilder, fünfhundert Zeichnungen und siebenhundert Briefe sind in diesem Museum versammelt. Manche Bilder gehören zu den teuersten der Welt. Hast du gewusst, dass van Gogh zu Lebzeiten nur eine Handvoll Bilder verkauft hat?" – „Da ging es ihm wohl nicht so gut wie dem Kollegen Rembrandt?" – „O nein, ganz sicher nicht. Van Goghs Malerei wurde lange nicht verstanden, und sein Selbstmord war sicher auch ein Akt der Verzweiflung darüber. Erst nach seinem Tod 1890 begannen sich die Franzosen in Paris für ihn zu interessieren, und es dauerte nicht lange, und er war richtig berühmt."

Wir stehen mittlerweile vor van Goghs ‚Selbstporträt mit Filzhut'. Ein nicht mehr ganz junger Mann mit rötlichem Vollbart, er wirkt nicht sonderlich glücklich, der Hintergrund des Bildes besteht aus Kreisen blau schimmernder Tupfen, die sich immer enger um den Kopf des Mannes legen.

„Post-Impressionismus?" Nettie blättert in einem Katalog. „Neo-Impressionismus", wird sie von Jan verbessert. Mir fällt etwas ein. „Habt ihr eigentlich von der Theorie gehört, wonach

165

viele Impressionisten kurzsichtig waren und nur deshalb diese etwas verschwommene Malweise zustande gekommen ist? Vielleicht war das bei van Gogh ja auch so?"

Wenn Blicke töten könnten, dann wäre ich jetzt doppelt getroffen, einmal von links, wo Jan steht, und einmal von vorn, wo Nettie den Katalog zuschlägt und zu mir aufschaut. „Du spinnst, Kleines."

Die nächsten zwei Stunden wandern wir friedlich durch die Räume, mir gefallen die Landschaften besser, Nettie mag die Porträts lieber, und Jan erzählt zu fast jedem Bild eine kleine Anekdote, die sich in meiner Erinnerung schließlich zu der langen Geschichte eines Malers der traurigen Gestalt zusammenfügen.

Als wir wieder vor dem Museum stehen, habe ich doch noch eine Frage. „Hat eigentlich der Regisseur Theo van Gogh, den man 2004 ermordet hat, etwas mit dem Maler Vincent van Gogh zu tun?" – „Allerdings, Theo van Gogh war ein Urenkel vom Bruder von Vincent." – „Aber sonst gibt es wenige Gemeinsamkeiten, oder?" – „Das kommt auf die Sichtweise an. Beide sind 47 Jahre alt geworden, und beide sind eines nichtnatürlichen Todes gestorben. Das schaffen in dieser Kombination nicht sehr viele Menschen."

„Jan, Bettina, lasst uns woanders weiterreden. Wie wäre es jetzt mit einem Teller Suppe bei mir?" Nichts lieber als das, Nettie!

„Kennst du eigentlich Johan Cruijff?", fragt mich ein paar Tage später Johan, als wir in der Küche bei Tee und Keksen sitzen. „Nein." – „Marko van Basten?" – „Ein Sänger?" Johan stöhnt laut auf. „Frank Rijkaard, Patrick Kluivert, Jaap Stam?" – „Schriftsteller, Maler, Schauspieler?" Johan stöhnt noch einmal und sitzt mit schmerzverzerrtem Gesicht vor mir. „Tut dir was weh?", frage ich ihn verunsichert. „Ja, mijn hart, mein Herz, das ungefähr seit meiner Geburt für Ajax schlägt."

166

„Dein Herz schlägt für einen griechischen Heerführer aus Homers Ilias?" Jetzt liegt Johan fast unterm Tisch, aber er stöhnt nicht mehr, sondern kämpft offenbar mit einem Lachanfall. Zwischendurch entfährt ihm ein ‚wie süß‘, ein ‚Dummerchen‘ und ein ‚typisch Frau‘. Als er sich wieder beruhigt hat und einigermaßen aufrecht vor mir sitzt, bekomme ich endlich eine Erklärung.

„Jetzt wohnst du schon fast ein Jahr in Amsterdam und kennst Ajax Amsterdam nicht, den besten Fußballverein der Welt?" Mir geht ein Licht auf. „Ach so, Ajax Amsterdam, sag das doch gleich. Das sind doch die mit den rot-weißen Trikots, die regelmäßig auf den Sportseiten von Het Parool auftauchen. Na ja, Fußball war noch nie so meine Sportart."

„Liebe Bettina, hier geht es nicht um eine Sportart, hier geht es um eine Haltung! Wer nicht für uns ist, ist gegen uns, und wer Ajax nicht liebt, der sollte besser nach Den Haag umziehen oder nach Utrecht." Johan schaut mich an, als ob er das wirklich ernst meinte, was er da sagt, deshalb halte ich mich mit einer ironischen Bemerkung lieber zurück und schaue ihn ebenso ernsthaft-interessiert an. „Erzähl mir mehr davon!"

„Goed, aber erst musst du mir versprechen, dass du am Sonntag mit ins Stadion kommst. Ajax gegen Feyenoord. Das musst du gesehen haben!" Muss ich? Ich wollte am Sonntag doch eigentlich mit Mathilde ein neues Yogastudio ausprobieren. Andererseits, wenn ich jetzt nein sage, könnte es zu einem echten Zerwürfnis mit Johan kommen, und das will ich auch nicht. Mathilde wird das sicher verstehen.

„Klar, Ajax Amsterdam gegen Feyenoord Rotterdam, davon hab ich schon immer geträumt. Und nun mach schon, kurze Einführung in die niederländische Sportgeschichte für ignorante Deutsche." Johan springt auf und begibt sich in Position. Offenbar kann man diese Einführung nur in der Haltung eines Torwarts geben, immer bereit, wenig intelligente Fragen weiblicher Liberos abzuschmettern.

167

„Also, Ajax Amsterdam, gegründet 1900 von ein paar Freunden, ab den Sechzigern legendär, 29 mal Landesmeister, ein paarmal Europapokal und Champions League, zwei Mal Weltpokal, seit 1996 in der Amsterdam ArenA zu Hause. Die besten Spieler, die besten Trainer, und voilà, am Sonntag wirst du sie alle persönlich kennenlernen. Ich kann dir übrigens ein Shirt und einen Schal leihen, denn so", Johan mustert meine Jeans und meine Bluse, „so kann ich dich leider nicht mitnehmen."

„Und wer ist jetzt dieser Johan Cruijff?" Johan seufzt und setzt sich neben mich. „Franz Beckenbauer kennst du aber, ja?" – „Ja, kommt mir bekannt vor." – „Also, was euch Deutschen der Beckenbauer, ist uns Holländern der Cruijff. Der Mann war ein begnadeter Fußballer, er ist einer der berühmtesten Fußballer der Welt, snap je?" – „Okay."

„Ieder nadeel heb zijn voordeel." – „Bitte?" – „Hat Cruijff gesagt: ‚Jeder Nachteil hat seinen Vorteil.' Ist doch genial, oder?"

Noch ist Johans Enthusiasmus nicht ansteckend. Das ändert sich erst, als ich von jedem, dem ich davon erzähle, neidische Kommentare bekomme. Sogar Mathilde würde am liebsten mit ins Stadion kommen, und auch meine Kollegin Maartje fragt mich, ob sie nicht für mich einspringen könne und ob Johan eigentlich eine Freundin hat. Diese Frage kann ich leider so spontan nicht beantworten.

Das T-Shirt, das mir Johan am Sonntagmorgen hinhält, ist ca. fünf Nummern zu groß, aber Johan besteht darauf, dass ich es trage, wie auch den Schal, der mir bis in die Kniekehlen hängt. Dass Johan selbst mindestens genauso lächerlich aussieht, ist nur ein kleiner Trost. Doch im Zug zwischen Amsterdam Centraal und Bijlmer (hier war ich doch schon mal), wo das Stadion steht, sehen schließlich fast alle Männer, Frauen und Kinder so albern aus wie wir, kurz denke ich an meinen regenpak, und dann ist es eigentlich auch egal. Ich tue so, als

168

wenn ich nichts lieber täte, als sonntags ins Stadion zu gehen. Die Sonne scheint auch ein Fan von Ajax zu sein, so kräftig wärmt sie unsere Köpfe. Ich schreie, wenn alle in meiner Kurve schreien, ich stöhne, wenn alle in meiner Kurve stöhnen, hin und wieder fällt ein Tor, und am Ende hat Ajax gewonnen, und das wusste Johan natürlich schon vorher, klar. Seine Freude drückt sich in einer etwas zu langen Umarmung aus, die ich geschickt auflöse. Statt nach Hause zu gehen, landen wir nach dem Spiel in Willems Lieblingskneipe, wo der das Spiel live im Fernsehen verfolgt hat und uns schon leicht beschwipst erwartet. Die Männer fallen sich um den Hals, als hätten sie sich Jahre nicht gesehen, und ich frage mich, was sie eigentlich von mir wollen, wenn sie doch sich und Ajax haben. Aber ich will kein Spielverderber sein und bestelle schon mal drei Bier.

Ein paar Tage später beschwert sich Mathilde bei mir, dass ich nur noch mit Johan und Willem ‚rumhängen‘ würde und dass sie sich von mir vernachlässigt fühlt. Das tut mir leid, und ich frage sie, worauf sie denn Lust hätte. „Wir könnten Touristen spielen.“ – „Wie geht das denn?“ – „Bist du schon mal mit einem richtigen Touristenboot durch die Grachten gefahren?“ – „Du meinst diese Dinger mit dem gläsernen Dach, die alle Viertelstunde bei uns am Haus vorbeischwimmen?“ – „Precies, man kann nicht ein Jahr in Amsterdam leben, ohne einmal so eine Tour mitgemacht zu haben.“ – „Ach, bis jetzt habe ich eigentlich nichts vermisst.“ – „Na komm schon, wenn wir Glück haben, scheint sogar die Sonne, dann kann das richtig schön sein, Amsterdam vom Wasser aus.“

„Und wir reden die ganze Zeit Deutsch, damit wir auch wirklich für Touristen gehalten werden?“ – „Ähm, also ich weiß nicht, ob ich das so akzentfrei hinkriege. Wie war das: ‚Ich belle Sie zurück‘?“ – „So ungefähr Wo fahren wir los?“ – „Ich hab da einen Bekannten, der steht gegenüber vom Hauptbahnhof, wenn wir den nett anlächeln, lässt er uns gratis mitfahren." – „Klingt gut, das machen wir."

Und tatsächlich, Bas, der Bekannte von Mathilde, der auch Künstler ist, sich seine Brötchen aber als Touristenführer verdient, freut sich, dass er mal nicht Englisch, Deutsch oder Italienisch reden muss, und hält uns die besten Plätze, ganz vorn im Boot, frei. Hinter uns sitzen eine italienische Großfamilie, mehrere deutsche Ehepaare, eine englische Schulklasse und ein russisches Pärchen, das in der nächsten Stunde allerdings nicht viel von Amsterdam mitbekommen wird, weil es sich die ganze Zeit streitet. Mathilde möchte von mir wissen, worüber, aber die Russischkenntnisse meiner Jugend sind mittlerweile stark überlagert vom Englischen, und selbst da habe ich Schwierigkeiten, seit ich in Amsterdam bin und mich voll darauf konzentriere, tatsächlich ‚beter dan Prins Bernhard‘ zu werden, jedenfalls was mein niederländisches Sprachvermögen angeht.

Wir streiten uns nicht und hören stattdessen zu, was Bas uns erzählt, drei Mal erzählt, erst auf Englisch, dann auf Deutsch und dann auf Italienisch. Niederländisch lässt er weg, das lohnt sich nicht. Wir fahren die Singelgracht hinunter, und Bas erzählt uns einige historische Anekdoten, unter anderem die, dass früher, als das Wasser in den Grachten noch sauber war, daraus Bier gebraut wurde.

„Heute", kurze Kunstpause, „machen wir aus dem Grachtenwasser nur noch Exportbier." Erst lachen die Engländer, dann die Deutschen und schließlich die Italiener. Ich grinse, Mathilde verdreht nur die Augen.

Von der Singelgracht biegen wir in die Amstel ab, da, wo auch die Stopera steht, wir fahren unter der Blauwbrug durch, der ‚Blauen Brücke‘, die gar nicht blau ist, sondern grau. Aber ihr hölzerner Vorgänger soll mal blau gewesen sein, berichtet uns Bas. Eine besonders schöne Brücke, die von manchem Romantiker mit der Pariser Pont Neuf verglichen wird, wegen ihrer monumentalen Laternen mit Kaiserkronen-Imitat. Mir persönlich gefällt die Magere Brug, die ‚Magere Brücke' gleich dahinter besser. Sie ist weniger pompös, eine Ziehbrücke aus weißem Holz, und ‚mager' wird sie deshalb genannt, weil sie nach ihrem Bau im 17. Jahrhundert zweihundert Jahre später abgerissen und noch mal neu gebaut wurde, sie war eben zu ‚mager' bzw. zu schmal für den modernen Verkehr. Als wir auf die Brücke zufahren, seufzt Mathilde neben mir.

„Wat jammer, wie schade, dass es noch nicht dunkel ist." – „Warum, ist doch schön, dass mal die Sonne scheint." – „Ja schon, aber nachts leuchten an der Brücke tausend Glühbirnen, und das ist erst romantisch, sag ich dir." – „Wir können gern wiederkommen." – „Ach, lass mal, da kauf ich mir lieber eine Postkarte, die Brücke ist ja fast auf jeder drauf, die man von Amsterdam bekommt." – „Stimmt, jetzt wo du es sagst, die hab ich auch schon ein paarmal verschickt."

Hinter der Brücke weist uns Bas auf einen eindrucksvollen Bau hin, an dem mit großen Buchstaben Carré steht. „Sag mal, ist das nicht das Theater, wo Herman van Veen aufgetreten ist?" – „Nou zeg, der Mann verfolgt dich wirklich, oder? Aber ja, im Carré ist schon jeder aufgetreten, der was auf sich hält. Tolles Haus, ich war da mal in einem Musical. Bas erzählt grad ein bisschen was zur Geschichte ..."

„Das Koninklijk Theater Carré war früher ein Zirkus. Gegründet wurde es von der Familie Carré, das waren deutsch-französische Reitkünstler, die 1863 das erste Mal nach Amsterdam kamen und sich für ihre Zirkuskünste ein Gebäude aus Holz und später eines aus Stein an die Amstel stellten. Das Haus war von Anfang an sehr beliebt bei den Amsterdamern, und auch von außerhalb kamen die Leute angereist. Im Winter gab es Zirkusvorstellungen, und im Sommer, wenn die Zirkusleute durchs Land reisten, gab es Varieté-Vorstellungen. Schließlich wurde der Zirkus ganz verdrängt und nun findet dort Unterhaltung in allen Varianten und auf höchstem

Niveau statt. Oper, Musical, Tanz, Kabarett." Es folgen die englische und die italienische Version.

„Bas ist ganz schön schlau." – „Quatsch, der musste das alles auswendig lernen, sonst hätte er den Job nicht gekriegt."

Mit dem Boot biegen wir nun in den Hafen von Amsterdam ein. Hier gibt es sogar ein paar echte Wellen, die neben uns an die Reling schwappen. Und Bas gönnt sich eine Pause, in der er sich zu uns setzt. „Na, ihr, interessiert euch das überhaupt, was ich da erzähle?" – „Doch, doch, aber ist das nicht schrecklich langweilig, wenn du das ein paar Mal am Tag erzählen musst?" – „Ach, geht so, sind ja immer andere Leute, und Boot bin ich schon als kleiner Junge gern gefahren."

„Oh, was ist das da drüben denn?" Vor uns ist ein dreistöckiges Haus im chinesischen Stil aufgetaucht, das aber nicht am Ufer, sondern auf dem Wasser steht und sachte hin- und herschaukelt. „Das ist der Seapalace, ein schwimmendes China-Restaurant, sehr beliebt."

„Mathilde, gehst du da mal mit mir hin?" – „Heel graag, sehr gern! Aber nur, wenn du mit mir auf den Friedhof kommst. Ich muss da ein paar Fotos machen für ein neues Projekt." – „Friedhof? Muss das sein?" – „Jetzt hab dich nicht so. In Paris rennt auch jeder auf den Père Lachaise, und auf Zorgvlied liegen schließlich auch ein paar Prominente, Herman Brood zum Beispiel, weißt du, der Sänger, von dem du Johan an Sinterklaas eine CD geschenkt hast. Und Annie M. G. Schmidt liegt da auch."

„Und wer ist jetzt schon wieder Annie M. G. Schmidt?" Mathilde und Bas schauen mich entsetzt an und rufen synchron und so laut, dass selbst das russische Pärchen kurzzeitig aufhört zu streiten. „Was, du kennst Annie M. G. Schmidt nicht?"

Mein Gott, ich kann doch nun auch nicht in einem Jahr alle Holländer auf einmal kennenlernen. Immerhin kenne ich schon Joost van den Vondel, den Dichter, André Hazes, den Sänger, Johan Cruijff, den Fußballer ...

Bas ist auf seinen Posten zurückgekehrt. Mathilde hat sich wieder gefangen. „Aber Annie M. G. Schmidt ist eine Heilige!" Auch das noch. Bin ich katholisch oder was? „Jedes Kind kennt Annie M. G. Schmidt." [2]

„Ja, wahrscheinlich jedes holländische. Aber du vergisst, dass ich hier nicht aufgewachsen bin, sondern weit weg, in einem Land, das für seine Kinder keine Heiligenliteratur vorgesehen hatte."

„Na gut, dann sei dir verziehen. Annie M. G. Schmidt ist quasi für Holland, was Astrid Lindgren für Schweden ist. Sie hat Kinderbücher geschrieben und Verse und Lieder und Theaterstücke, ach, man kann gar nicht alles aufzählen. Ich hole dir nachher mal die Bücher von ihr raus, es sind die ältesten, die ich habe, über ‚Abeltje' und ‚Wiplala' und ‚Jip en Janneke' und, und – ach, ich werde gleich ganz sentimental."

„Und diese Frau Schmidt liegt also auch auf dem Friedhof, wo du Fotos machen willst?" – „Precies. Vielleicht nächste Woche? Und jetzt sollten wir aussteigen, oder willst du die ganze Fahrt noch einmal machen? Bas würde sich sicher freuen." – „Ach lass mal, ich glaube, ich habe fürs Erste alles gesehen."

„Tot ziens, Bas! Komm mal wieder vorbei." – „Mach ich! Und Mathilde, hab Nachsicht mit deiner deutschen Freundin, immerhin kennt sie Johan Cruijff."

Anmerkungen zum maart

[1] Vincent Willem van Gogh (1853–1890) gilt als einer der Begründer der modernen Malerei. An Depressionen und Wahnvorstellungen leidend, die paradoxerweise sein Werk beflügelten, erging es van Gogh wie Vermeer: Zu Lebzeiten verkannt, erreichten seine Bilder erst Jahre nach seinem tragischen Selbstmord Anerkennung und Weltruhm. Er hinterließ fast neunhundert Gemälde und über tausend Zeichnungen.

[2] Annie Maria Geertruida Schmidt (1911–1995) war Journalistin und Schriftstellerin. Bekannt wurde sie in den 1950er Jahren mit der Hörspielserie ‚In Holland staat een huis' (In Holland steht ein Haus). Legendär ist auch ihre Fernsehserie ‚Ja zuster, nee zuster' (Ja Schwester, nein Schwester). Außerdem schrieb sie mehrere Musicals und eben Kinderbücher, darunter ‚Die geheimnisvolle Minusch' oder ‚Der fliegende Fahrstuhl'. Die Texte von Annie M. G. Schmidt brillieren vor allem durch ihren Reichtum an Phantasie und ihren speziellen Humor, der nicht schwarz ist, sondern im Gegenteil den Menschen mit seinen kleinen Schwächen regelrecht umarmt.

april

ZORGVLIED. Mathilde trägt zwei historisch wertvolle Fotoapparate, ich trage ein Stativ durch Gräberreihen. Die Grabsteine sind zum Teil sehr speziell. Wir kommen an der steinernen Figur eines biertrinkenden Mannes vorbei. „Ist das auch ein Grabstein?", frage ich Mathilde, die gerade daran vorbeilaufen will. „Ja zeker. Hier liegt Manfred Langer. Dem gehörte zu Lebzeiten das IT, eine Disko, sehr beliebt bei Homosexuellen."[1]

Mathilde wuchtet einen ihrer Fotoapparate auf das Stativ, das ich versuche gerade zu halten. „Sag mal, du weißt aber schon, dass es da heutzutage diese kleinen handlichen Digitalkameras gibt?" Mathilde guckt mich entsetzt an. „Also bitte, hier geht es um Kunst, ja?" – „Ach so, entschuldige."

„So, und jetzt nicht mit dem Stativ wackeln." Mathilde richtet die Linse genau zwischen zwei Gräber. „Mathilde, ich dachte, du wolltest Gräber fotografieren?" – „Pssst, ich muss mich konzentrieren." Sie drückt den Auslöser und richtet sich mit einem zufriedenen Gesicht auf.

„Was hast du gesagt?" – „Ich dachte, du wolltest Gräber fotografieren. Gerade hast du aber zwischen zwei Gräber gezielt." – „Ach Betti, hast du noch nie was von ,Voids' gehört? Lücken, Zwischenräume? Das Unsichtbare sichtbar machen?"

„Ähm, ja doch, verstehe. Und wo ist jetzt das Grab dieser holländischen Astrid Lindgren?" – „Du meinst Annie M. G. Schmidt?" – „Genau." – „Da hinten, das mit den bunten Kacheln."

Biertrinkende Männer, bunte Kacheln, dieser Friedhof ist wirklich etwas anders als die, die ich bisher kannte. Bei unse-

175

rem Spaziergang vorbei an lauter kleinen Höhepunkten der Gräberkunst kommt uns eine, auf den ersten Blick recht fröhliche, Gesellschaft entgegen. Die Frauen tragen bunte Kleider, die Männer sehen in ihren hellen Anzügen aus, als wären sie auf dem Weg zu einer Hochzeit. Nur der Sarg, den sie auf einem Wagen zwischen sich schieben, erinnert daran, dass es sich um eine Trauergesellschaft handeln muss.

„Bei uns in Deutschland geht man immer ganz in Schwarz zu einer Beerdigung." – „Wirklich? Ach, bei uns nicht. Wir möchten schön aussehen, wenn wir unserem lieben Toten das letzte Geleit geben. Der hat doch nichts davon, wenn wir traurig sind, der will bestimmt lieber, dass wir zu seinen Ehren noch mal richtig feiern." – „Hhmm." – „Das heißt ja nicht, dass wir nicht auch traurig sind. Aber lieber erinnern wir uns daran, was wir gemeinsam erlebt haben, als daran, dass unser Freund jetzt nicht mehr da ist."

„Und deshalb auch die ausgefallenen Grabsteine?" – „Ja zeker. Natürlich gibt es auch ganz schlichte Steine. Aber wenn einer im Leben etwas ganz Besonderes war, dann soll er auch einen ganz besonderen Stein bekommen." – „Und ich dachte, ihr Holländer lebt nach der Devise: ‚Sei normal, das ist schon verrückt genug'?" – „Dat klopt wel, stimmt ja auch, aber was ist schon normal in Amsterdam?" – „Gute Frage."

„Siehst du. Und jetzt lass uns zurück in die Stadt fahren. Ich muss noch ins Labor, meine Bilder entwickeln." – „Du meinst deine Zwischenräume?" Mathilde grinst und drückt mir das Stativ in die Hand. „Kannst du vielleicht auf dem Rückweg ein paar Tulpen kaufen? Die in der Küche sind schon ganz welk."

Tulpen kaufen. Nichts leichter als das. Wie heißt das Lied, das den meisten zuerst einfällt, wenn sie an Amsterdam denken? Genau, ‚Tulpen aus Amsterdam'. Auf dem Weg zurück in die Prinsengracht radle ich also zum Bloemenmarkt, dem Blumenmarkt an der Singelgracht. Das ist wahrscheinlich der einzige schwimmende Blumenmarkt der Welt, denn die Stände, die zur Straße hin offen sind, stehen alle auf Hausbooten, was man kaum mehr erkennt vor lauter Blumen, Pflanzen und exotischem Grünzeug. Tulpen gibt es hier das ganze Jahr über. Man kann sie einzeln kaufen, aber der Holländer fängt eigentlich erst ab zwanzig Stück an, besser noch fünfzig, damit es sich auch lohnt.

Der Mann in der grünen Schürze, der jetzt vor mir steht, sähe es natürlich auch am liebsten, dass ich gleich einen ganzen Eimer seiner Blumen auf mein Fahrrad lade, aber erst mal muss er mir Rede und Antwort stehen.

„Warum sind die Holländer eigentlich ausgerechnet nach Tulpen so verrückt?" Der Mann kaut auf einem Bleistift und guckt mich lange an. „Nou, das ist die tulpenmanie." – „Klingt nach einer Krankheit." – „Ja, das könnte man so sagen." – „Ist die ansteckend?" – „Hochgradig."

Ich beuge mich über einen Eimer rosafarbener Tulpen, um an ihnen zu riechen, und warte darauf, dass der Mann mit der Schürze etwas ausführlicher wird. „Du willst es wohl ganz genau wissen, meid, was?" – „Wenn es keine Umstände macht?"

Der Mann läuft nach hinten in seinen Stand und kommt mit zwei Tassen Tee wieder, eine davon drückt er mir in die Hand. „Nou goed. Soweit ich weiß, kamen die ersten Tulpen Ende des 16. Jahrhunderts nach Europa."

„Ich tippe mal, aus Asien?" – „Genau, aus Asien, und zwar über Konstantinopel und Wien. In Wien gab es einen Botaniker, einen richtigen Tulpenspezialisten, den Namen hab ich jetzt aber nicht parat, der kam irgendwann nach Holland und hat seine Lieblingsblume mitgebracht.[2] Und weil es den Holländern damals, während des Goldenen Zeitalters, so gut ging, hatten sie Zeit, sich für exotische Dinge zu begeistern, zum Beispiel eben für Tulpen."

Eine Frau drängelt sich an mir vorbei und drückt dem Mann mit der grünen Schürze einen Geldschein in die Hand.

177

„Wie immer, Freek." Dann schnappt sie sich einen halben Eimer weißer Tulpen und legt die Blumen in ihren Fahrradkorb. „Wie immer, Mevrouw. Bedankt!"

„Die Dame kommt wohl öfter?" – „Jede Woche, und jede Woche nimmt sie eine andere Farbe. Wo waren wir stehen geblieben?"

„Tulpen waren quasi hip im 17. Jahrhundert ..." – „Precies, so könnte man das auch ausdrücken. Und wie das so ist, die Nachfrage bestimmt den Preis, und bald wurden Tulpenzwiebeln teuer auf Auktionen versteigert, und sie wurden sogar immer öfter gestohlen. Das war am Ende so verrückt, dass jemand sein Haus für drei Tulpenzwiebeln verkauft hat."

„Du meine Güte, die spinnen, die Holländer!" – „Nou, wem sagst du das. Es wurde wie wild spekuliert, und es dauerte nicht lange, und auf den Tulpenwahn folgte der Tulpen-Crash."

„Oha, alles vorbei mit den schönen Blumen?" – „Nicht ganz, die Holländer waren damals schon kluge Rechner, und irgendwie haben sie es hingebogen, dass sich die Blumenkatastrophe in Grenzen hielt. Und wie du siehst, wir haben uns von dem Trauma längst erholt. Also willst du jetzt ein paar Tulpen kaufen oder nicht? Schau mal, die roten hier sind im Angebot, zwanzig Stück für nur fünf Euro."

„Gut, die nehme ich, die passen gut in unsere Küche, und dann noch zehn von den rosafarbenen. Die stell ich mir ins Fenster." – „Gute Wahl, Mevrouw. Und kleiner Tipp vom Fachmann, wenn du ein, zwei Löffel Zucker ins Blumenwasser gibst, halten sie länger." – „Hartelijk bedankt!"

Als ich auf mein Fahrrad steige, pfeift mir der Mann mit der grünen Schürze das Tulpenlied hinterher. Den Rest des Tages verbringe ich mit einem Ohrwurm.

Langsam muss ich mir Gedanken machen, wie ich meinen Abschied von Amsterdam gestalte. Noch drei Wochen, dann ist das Jahr vorbei. Claudia hat mich in ihrer letzten E-Mail schon gefragt, ob ich vorhabe, ganz nach Holland umzusiedeln. Sie würde das nur unter der Bedingung zulassen, dass ich regelmäßig mit ihr telefoniere und ihr beweise, dass ich noch nicht rede wie Rudi Carrell. Ich glaube, das Risiko ist recht klein. Genauso wenig wie ein längerer Aufenthalt in den Niederlanden unbedingt dazu führt, dass man plötzlich Fan von André Rieu oder Linda de Mol wird. In diesem Zusammenhang ist mir aufgefallen, dass die Holländer, die ich in diesem Jahr kennengelernt habe, bei Nennung der größten holländischen Exportschlager auf dem Gebiet der Unterhaltung entweder gähnen oder die Augen verdrehen.

Willem hat dafür wie immer eine schlichte, aber irgendwie auch logische Erklärung. „Was meinst du denn, warum diese Leute Exportschlager sind?" – „Weil sie so gut sind?" – „Ach Betti, ich dachte, du wärest ein schlaues Mädchen. Natürlich nicht, weil sie so gut sind, sondern weil wir sie gern loswerden wollen. Und ihr Deutschen findet schließlich alles niedlich, was nur ein bisschen nach Frau Antje klingt, glaubst du, das wissen wir nicht?"

„Na ja, alles?" – „Und was ist mit deinem Herman van Veen?" – „Ist der denn auch bloß ein Exportschlager?" – „Sagen wir mal so, hier in Holland hat er seine besten Zeiten hinter sich. Aber das Carré kriegt er immer noch voll." – „Na und, ihr hört stattdessen De Dijk und André Hazes. Als ob die viel besser wären." – „Besser vielleicht nicht, aber die treffen uns mitten in unser kleines holländisches Herz, verstehst du." – „Verstehe."

„Zeg, gibt es eigentlich eine Abschiedsparty?" – „Weiß noch nicht." – „Also, wenn du keine machst, machen wir eine." – „Tja." – „Nou ja, bist ja noch ein paar Tage hier. Und du weißt ja ...", Willem nimmt meine Hand in seine und tätschelt darauf herum, „wenn du bleiben willst, es gibt da jemanden ganz in deiner Nähe, der würde sich sehr darüber freuen."

Ich ziehe meine Hand so langsam zurück, dass es nicht unhöflich wirkt, und ringe mir ein Lächeln ab. „Ja Willem, dat weet ik."

Am nächsten Tag im Buchladen kommt Klaas zu mir in die Abteilung international literature. Er hat ein Papier mit Listen in der Hand. „Im letzten Jahr ist der Umsatz der international literature um zwanzig Prozent gestiegen." Er schaut mich an. „Und?" – „Was und?" Ich weiß nicht, was ich mit dieser Information soll, aber das kann ich ihm doch nicht so direkt sagen. „Das heißt, dass du gute Arbeit geleistet hast." – „Danke."

Ich wende mich wieder ebenjener Arbeit zu und staple einen neuen Architekturführer kunstvoll auf einen Tisch. Klaas steht immer noch neben mir. „Das heißt, dass wir dich gern behalten würden." – „Oha." – „Überleg es dir. Über Geld lasse ich mit mir reden."

Das sind ja ganz neue Töne. Jetzt gewöhne ich mich gerade an den Gedanken, dass ich bald wieder abreisen muss, und statt mir den Abnabelungsprozess etwas zu erleichtern, machen es mir meine Mitmenschen nur noch schwerer. Ich rufe Marinus an und verabrede mich mit ihm im Café de Zwart. Als ich dort ankomme, steht er schon am Tresen, diesmal ohne berühmten Schriftsteller, und dreht sich eine Zigarette.

„Hoi Bettina. Was ist denn los? Du klangst etwas betrübt am Telefon." – „Ich hab noch drei Wochen." – „Drei Wochen wofür?" – „Drei Wochen Amsterdam." – „Ach was? Ich dachte, du bleibst ein ganzes Jahr?" – „Mach ich doch auch, aber dieses Jahr ist in drei Wochen um." – „Wirklich? Jeetje, wie die Zeit vergeht!"

„Und jetzt werden die Leute um mich herum plötzlich sentimental." – „Ein sentimentaler Amsterdamer? Das glaube ich nicht, die werden doch höchstens sentimental, wenn Ajax verliert oder André Hazes stirbt." – „Ich weiß einfach nicht, was ich machen soll. Mittlerweile vermisse ich Berlin schon ein bisschen." – „Na ja, so weit ist das doch auch wieder nicht. Kommst du halt wieder, irgendwann." – „Aber das ist doch nicht dasselbe wie hier leben." – „Nee, das ist es natürlich nicht, da musst du dich schon entscheiden."

Danke Marinus, genau das wollte ich hören! Als ob man so eine Entscheidung so einfach träfe wie die zwischen brootje haring und broodje kaas.[3]

„Ich besuch dich auch mal in Berlin." Danke, das tröstet mich sehr. Marinus lacht wieder, und ich lache auch. Ich sehe ihn an, er sieht mich an, und plötzlich habe ich ein komisches Gefühl im Bauch, das, glaube ich, mit Abschied und Heimweh nur sehr wenig zu tun hat.

Am nächsten Tag, als ich von der Arbeit nach Hause komme, sitzt meine WG vollständig in der Küche und verstummt gleichzeitig, als ich eintrete. Drei Augenpaare sehen mich erwartungsvoll an. „Goeden avond. Ist irgendwas passiert?" Ich werfe meine Jacke auf das Sofa und sortiere meine Einkäufe in den Kühlschrank. Meine Mitbewohner folgen mir mit ihren Blicken.

„Hallo, habe ich was verpasst?" Mathilde reicht mir einen Umschlag. „Hier, für dich. Von uns allen zusammen." – „Für mich? Aber mein Geburtstag war doch schon. Oder ist wieder irgendein holländischer Feiertag, den ich nicht kenne?"

Willem trommelt mit den Fingern auf den Tisch. „Nun mach schon auf!" Ich drehe den Umschlag drei Mal und reiße ihn dann auf. Eine Karte fällt mir entgegen. Eine Eintrittskarte. „Ach, das glaub ich nicht!" Mathilde, Willem und Johan strahlen mich an. „Wir können dich doch nicht fahren lassen, ohne dass du dein Idol getroffen hast."

„Ihr seid großartig!" Ich umarme erst Mathilde, dann Johan, dann Willem. „Und ihr kommt alle mit?"

Für einen Moment ist es still in der Küche.

„Ähm ..."

„Nou ..."

„Also ..."

„Wir dachten, du willst das sicher lieber allein genießen." –
„Ich kann an dem Tag leider nicht." – „Du und Herman van
Veen, das ist ein ganz eigenes Kapitel, so eine intime Geschichte zwischen euch beiden, da wollten wir wirklich nicht
stören."

„Ach so, verstehe. Aber trotzdem, Herman van Veen im
Koninklijk Theater Carré, dass ihr daran gedacht habt, das ver-
gesse ich euch nie!" Mathilde setzt Teewasser auf. „Genau
darum ging es uns doch." Willem nimmt mir die Karte aus der
Hand. „Und hast du gesehen, erste Reihe Mitte. Da bist du
ihm richtig nahe. So nahe wäre ich Nena auch mal gern gekommen, damals in den Achtzigern."

Eine Woche später sitze ich erste Reihe Mitte im Koninklijk
Theater Carré. Der Vorhang ist noch geschlossen. Um mich
herum summt es von den Stimmen des in die Jahre gekommenen Amsterdamer Bürgertums. Ein junger Mann ein paar
Sitzplätze weiter lächelt mir zu und weist mit einem Kopfnicken auf eine ältere Dame neben ihm, als wollte er mir sagen: ‚Bin nur wegen Mutti hier.'

Das Ehepaar neben mir kann ich schlecht als meine Eltern
ausgeben und das muss ich auch gar nicht, schließlich stehe
ich zu meiner sentimentalen Neigung. Und als sich der Vorhang hebt, weiß ich auch, warum.

Da steht er, der Mann, der mich mit dreizehn in den Schlaf
gesungen hat, der Mann, der dafür gesorgt hat, dass ich die
letzten zwölf Monate in Amsterdam verbracht habe, da steht
er, hager, mit schütterem Haar, breitem Grinsen und funkeln-
den Augen.

Und er singt. Übers Altwerden (das Paar links neben mir
nickt zustimmend), übers Fremdgehen (mir läuft es kalt den

182

Rücken runter), über den Tod (die Frau rechts von mir zerdrückt ein Tränchen) und über die Liebe (der Saal nickt kollektiv und mir steigt die Wärme in die Wangen). Er tanzt, und er springt über die Bühne wie ein junger Hund, er krempelt seine Hosenbeine so hoch, dass wir seine Knie bewundern können, und entblößt seine Brust, auf der die Haare auch schon mal blonder gewesen sind. Bei manchen Liedern singt der Saal mit, was ich sehr bewundere. Und wie nebenbei dirigiert er das kleine Orchester, das hinter ihm auf der Bühne sitzt.

Zwei Stunden später steht ein durchgeschwitzter, aber glücklicher Sänger auf der Bühne, und als er sich am Bühnenrand verbeugt, trifft mich sein Blick und ich zucke zusammen wie ein Teenager, der seinem über alles geliebten Popstar in die Augen schaut. Herman van Veen lacht, die Leute hinter mir hören nicht auf zu klatschen, und der Sänger kündigt an, dass er jetzt Wünsche erfüllt. Wir sollen ihm zurufen, was wir hören wollen, und er singt es dann, zumindest, wenn er sich an den Text erinnert.

Mir bleibt nichts anderes übrig als ‚Hé, kleine meid‘ zu rufen, und weil ich ganz vorn und in der Mitte sitze, hört es Herman van Veen sogar. Er setzt sich ans Klavier, sagt noch: „Wie originell, das wünscht sich sonst keiner", und dann singt er mein Lied. Und natürlich, es kann gar nicht anders sein, er singt es nur für mich.

Hé kleine meid op je kinderfiets,
De zon draait steeds met je mee
Hé kleine meid op je kinderfiets,
De zomer glijdt langs je heen
Met je haar in de wind en de zon op je wangen
Rijd je me zomaar voorbij, fiets ...

In diesem Augenblick, nach fast zwölf Monaten Amsterdam, nachdem mich in dieser Stadt kaum noch etwas überraschen kann, erwischt es mich kalt. Das Lied trifft mich an einer Stelle, die ich lange nicht mehr angerührt habe, so ca. zwanzig Jahre nicht mehr. Es ist die Stelle, an die man nicht mit Absicht gerät, sondern die nur auf Gerüche und Bilder reagiert oder eben auf Musik. Es funktioniert, meine Gänsehaut ist der beste Beweis, und auch die kurze Zeitreise, auf die mein inneres Auge mich mitnimmt: Ich bin zwei Köpfe kleiner, ich sitze auf dem Teppich in meinem Kinderzimmer vor meinem Schallplattenspieler, Amsterdam ist unvorstellbar weit weg, mein Leben ist einfach strukturiert und sehr überschaubar. Wenn mir damals jemand zugeflüstert hätte: ‚Hallo Bettina, du wirst einmal in Amsterdam vor diesem Mann sitzen und er wird dieses Lied in seiner Sprache und nur für dich singen‘, ich hätte mich kichernd auf dem Teppich zusammengerollt und ihn für verrückt erklärt.

Als die letzten Takte von ‚Hé, kleine meid‘ verklungen sind, brauche ich noch einen Moment, um wieder in der Gegenwart anzukommen. Richtig wach werde ich erst wieder, als ich vor dem Theater stehe. Es nieselt leicht, und die Lichter der Stadt spiegeln sich in der Amstel. Um mich herum schließen die Leute ihre Fahrräder ab oder steigen in Taxen. Meine Knie sind noch etwas flau, deshalb nehme ich mein Fahrrad und laufe am Wasser zurück nach Hause.

„Ga je mee naar Koninginnedag?“, fragt mich Mathilde ein paar Tage später. Königinnentag? Hab ich schon mal gehört. „Warum nicht, was passiert denn da so?“ – „Van alles. Große Party im ganzen Land, tanzen auf der Straße und Sachen kaufen, die kein Mensch braucht.“

„Aha, klingt interessant. Und das alles, weil Königin Beatrix Geburtstag hat?“ – „Na ja, fast. Beatrix hat am 31. Januar Geburtstag. Der 30. April war der Geburtstag ihrer Mutter, Juliana. Und weil es im Januar zu kalt ist zum Feiern, tun wir einfach so, als wäre Beatrix auch an diesem Tag geboren.“

184

„Und kommt sie selbst auch zu ihrer Party?" – „Ja zeker, aber in Amsterdam war sie schon lange nicht mehr, meistens fährt sie irgendwo in die Provinz, wo die Leute fast einen Herzanfall kriegen vor Aufregung, wenn Ihre Majestät Königin Beatrix mit ihrem Gefolge auftaucht." – „Und in Amsterdam kriegt wohl keiner mehr einen Herzanfall?" – „Nee hoor, wir sind dafür wahrscheinlich zu respektlos. Aber dafür ist hier auch vrijmarkt, für vierundzwanzig Stunden ist das Marktgesetz aufgehoben, das heißt, jeder kann alles und überall verkaufen. Die ganze Stadt ist ein einziger Flohmarkt, das ist wirklich sehr nett, vor allem bei schönem Wetter. Und überall gibt es Bühnen mit Musik, und das Bier fließt in Strömen. Also, wenn du dich Koninginnedag entziehen willst, müsstest du wohl für achtundvierzig Stunden nach Holysloot auswandern."

Koninginnedag ist allerdings nicht nur der Tag, an dem in ganz Holland der Geburtstag der Königin gefeiert wird, es ist auch mein letzter Tag in Amsterdam. Am 1. Mai geht mein Flug von Schiphol – das Wort gleitet mir jetzt mühelos über die Lippen – zurück nach Berlin Tegel. Also werde ich an diesem Tag nicht nur feiern, sondern auch Abschied nehmen.

Weil es jedoch schwierig wird, alle meine neuen Freunde an einem Tag zu treffen, fahre ich ein paar Tage zuvor noch einmal nach Slotervaart zu Joop und Lots, die ich in den letzten Wochen nur kurz auf dem Albert-Cuyp-Markt getroffen habe.

Wie am Tag meiner Ankunft sitzen wir in ihrem Garten hinter dem Haus. Wie am Tag meiner Ankunft trägt Lots eine Bluse, Joop ein buntes Hemd und ich einen Pullover, weil meine holländischen Sprachkenntnisse zwar besser sind als vor einem Jahr, mein Kälteempfinden sich aber bis heute nicht den klimatischen Bedingungen des Landes angepasst hat.

„Kopje thee?", fragt mich Lots. „Gern." – „En hoe is het? Wie geht es dir nach einem Jahr in Amsterdam?" Ich nehme an, besser als vor einem Jahr, aber wirklich fröhlich bin ich heute auch nicht. „Ich glaube, gut." – „Du glaubst es, aber du weißt es nicht?" – „Es ging alles so schnell. Ich dachte, ein Jahr sei viel länger."

„Meid, das ist doch ganz normal. Alles neu, alles anders, da fliegt die Zeit dahin. Aber du hast viele Freunde gefunden, oder täuscht mich da mein Eindruck? Was ist eigentlich mit diesem Marinus, der schien mir doch sehr nett zu sein." – „Ach Marinus, ein guter Freund ist das oder so." Joop gießt mir Tee nach und schiebt mir eine Keksdose hin. „Und warum wirst du dann rot, wenn sein Name fällt?" Unsinn, ich werde überhaupt nicht rot, die wollen mich nur verkuppeln, damit ich hierbleibe.

„Im Buchladen würden sie mich gern behalten." – „Nou prima! Den Flug nach Berlin kannst du doch sicher stornieren?" – „Stopp mal, so war das nicht gemeint, sie würden mich gern behalten, aber ich muss doch wieder nach Hause nach Berlin." – „Warum?" – „Weil da meine Familie ist?" – „Die können dich doch hier besuchen." – „Weil da meine Freunde sind?" – „Eben hast du noch gesagt, du hättest hier auch gute Freunde gefunden."

Warum will mich eigentlich halb Amsterdam davon abhalten, nach Hause zu fliegen? Ist ja alles ganz hübsch hier, aber ich will endlich mal wieder U-Bahn fahren und richtiges Brot essen und kein Alibi brauchen, wenn ich im Regen lieber nicht Fahrrad fahre, und ich will, dass ich wieder genug Wörter habe für alles, was ich sagen will, und man versteht, was ich meine, auch wenn ich mich umständlich ausdrücke, und ich will und ich will und ich will ...

Bevor ich mich weiter vor Joop und Lots rechtfertigen muss, verabschiede ich mich. Einmal Küsschen, Küsschen, Küsschen. Noch mal Küsschen, Küsschen, Küsschen. „Nou meid, hou je taai en kom gauw terug."

Der Abschied von Jan Sommers ist weniger sentimental. Als ich an seiner Tür klingle, macht mir Nettie auf und fällt

186

mir direkt um den Hals. „Bettina, wie gut, dass du da bist." – „Nettie, du bist ja ganz aufgeregt." – „Stell dir vor, er hat mich gefragt!"

„Wer hat dich was gefragt?" – „Jan. Jan hat mich gefragt, ob ich ihn heirate." Jetzt falle ich Nettie um den Hals. Und dann auch noch mal Jan, der im Wohnzimmer auf dem Sofa sitzt und in einem Kunstkatalog blättert. „Hoi, Bettina, wie schön."

„Das sind ja tolle Nachrichten, Jan Sommers." – „Allerdings, ich hatte auch nicht mehr damit gerechnet, aber eines weiß ich jetzt, für die Liebe ist man nie zu alt." – „Du meinst, es besteht noch Hoffnung?"

Ich setze mich neben Jan aufs Sofa, während Nettie in der Küche eine Flasche Wein öffnet. Jan legt den Bildband weg und nimmt meine Hand. „Altijd, lieverd, altijd. Und weil du sozusagen schuld bist an unserem Glück, möchten wir, dass du unsere Trauzeugin wirst."

Nettie reicht mir ein Glas. „Ja bitte, sei unsere Trauzeugin!" – „Wann heiratet ihr denn?" – „In augustus." – „Aber ich muss doch zurück nach Berlin."

Jan und Nettie schauen mich an, als wenn ich ihnen gerade erzählt hätte, ich würde zum Mars fliegen. „Naar Berlijn? Was willst du denn da?" – „Wohnen, arbeiten und so weiter?"

„Ach so, wie langweilig. Na gut, dann musst du aber im August wieder kommen, ohne dich findet die Hochzeit nicht statt, stimmt's, Jan?" Nettie küsst Jan ziemlich lange auf den Mund. „Stimmt, Nettie."

Jan stößt mit seinem Glas gegen meines. „Op de liefde! Auf die Liebe, meid, und buch schon mal den Flug."

Im Buchladen habe ich schließlich doch gekündigt, auch wenn das Angebot, das Klaas mir gemacht hat, sehr verlockend war und ich davon ein nettes Leben in Amsterdam hätte haben können. An meinem letzten Tag stehen Maartje, Jeroen und Klaas an der Tür Spalier. Wir küssen uns auf die altbekannte

187

Weise, Jeroen überreicht mir eine Zeichnung seiner kleiner Tochter, die sich an einer Windmühle versucht hat, unter der voor Bettina steht. Maartje hält mir ein Päckchen hin. „Hier, mein Lieblingsdichter, Hendrik Marsman, das ist nur was für Kenner. Und das bist du ja jetzt, oder?" – „Hhmm, vielleicht. Hartelijk bedankt, Maartje."

Klaas klopft mir auf die Schulter. „Aus der Nähe betrachtet seid ihr Deutschen gar nicht so unsympathisch. Schreib mal eine Karte aus der Reichshauptstadt." – „Ich schreib dir lieber eine Karte aus Berlin." – „Auch gut."

Als ich auf mein Fahrrad steige und vom Spui wegfahre, muss ich schwer schlucken. Ich drehe mich noch ein paar Mal um, meine Kollegen winken mir so lange nach, bis ich hinter der nächsten Straßenecke verschwunden bin.

Am Vorabend vom Koninginnedag, der Koninginnenacht, werden bei uns an der Prinsengracht, wie überall in der Stadt, schon die ersten Buden und Stände aufgebaut. Auf dem Wasser schwimmt eine Bühne, wie ich sie zuletzt zum Grachtenfestival im August gesehen habe.

„Da spielt morgen André Hazes", erklärt Willem, der mit mir in der Küche sitzt und eines seiner karierten Hemden flickt. „Wie, ich dachte, André Hazes ist tot?" – „Aber sein Sohn lebt." – „Und der heißt auch André Hazes?" – „Precies, und der singt auch. Nicht ganz so schön wie der Papa, aber morgen sind sowieso alle beschwipst, da merkt das kein Mensch. Wir müssen dann auch gleich los."

„Wohin denn?" – „Na, rüber ins Café. Glaubst du, wir fangen erst morgen an zu feiern? Außerdem müssen wir auf deinen Abflug anstoßen, ob ich dazu morgen noch in der Lage bin, kann ich dir nicht versprechen. Ich hab Mathilde und Johan schon Bescheid gesagt, die kommen nach."

Schließlich stehen wir zu viert da, wo wir in den letzten Monaten schon sehr häufig gestanden haben. Am Tresen von

Willems Lieblingskneipe. Am Anfang ist alles wie immer, wir plaudern über die Dinge des Lebens. Gegen Mitternacht hört man von draußen Böllerschüsse, mit denen der Koninginnedag offiziell eröffnet wird. Daraufhin stimmt das Publikum im Café, das an diesem Abend auffällig häufig Orange trägt, den auch mir mittlerweile nur allzu bekannten Gesang an.

„Lang zal ze leven, lang zal ze leven, lang zal ze leven in de gloria, in de gloria, in de gloria! Hieperderpiep, hoera! Hieperderpiep, hoera!"

„Sie ist schon ein schatje, ein Schätzchen, unsere Beatrix, findet ihr nicht?" Erst jetzt fällt mir auf, dass auch Willem ein orangefarbenes T-Shirt zu einer orangefarbenen Hose trägt. „Sag mal, ich dachte, Orange wäre nicht deine Farbe?" – „Nou ja, einmal im Jahr geht das schon."

Willem drückt sich an Mathilde vorbei an meine Seite, während sich Johans Kopf auf der anderen Seite bereits gefährlich meiner Schulter nähert. Mathilde, hilf! Aber Mathilde grinst mich nur an. „So, das war es dann also schon wieder, dein Jahr in Amsterdam. Hat es dir denn ein bisschen gefallen bei uns?"

Ich ziehe meine Schultern so zusammen, dass ich den direkten Körperkontakt mit Willem und Johan vermeiden kann. „Ja also, wenn ich das so rückblickend betrachte, war es ganz schön bei euch."

Johan richtet sich abrupt auf. „Wat zeg je, ganz schön? Das ist ja wohl etwas untertrieben. Wir haben so viele tolle Sachen zusammen gemacht. Das kriegt nicht jeder dahergelaufene Mitbewohner geboten." – „Precies", pflichtet ihm Willem bei. „Der Strand, de Roze Buurt, Friesland, Bijlmer und ..." – „Und Ajax." Das war wieder Johan. „Und Ajax. Glaub ja nicht, dass es viele deutsche Frauen gibt, denen diese Ehre erwiesen wird, mit uns ins Stadion zu gehen."

Bevor es zu peinlichen Wiederholungen der Silvesterszene kommt, winke ich dem Barmann, dass er uns noch Getränke bringt, und als wir alle wieder ein Glas in der Hand haben, sage ich, was ich zu sagen habe.

„Liebe Mathilde, lieber Willem, lieber Johan, ich werde die Zeit mit euch nie vergessen, genauso, wie ich Amsterdam nie vergessen werde. Als ich vor einem Jahr hier ankam, wusste ich so gut wie nichts über diese Stadt, dieses Land und vor allem über die Leute hier. Aber mittlerweile glaube ich, euch ein bisschen zu kennen, und das ist ein, sagen wir, ein sehr schönes Gefühl. Also, auf die deutsch-holländische Freundschaft!"

Anmerkungen zum april

[1] Amsterdam war immer auch ein Mekka für Homosexuelle. Entsprechend vielfältig ist die Szene mit Cafés, Clubs und Diskotheken, die sich größtenteils in der Reguliersdwaarsstraat und der Warmoestraat befinden. Jährliche Höhepunkte von *Gay Amsterdam* sind der *Koninginnedag* am 30. April und die *Amsterdam Pride and Canal Parade* am ersten Augustwochenende. An der *Westerkerk* steht weltweit das einzige explizite Homo-Denkmal, das an die homosexuellen Opfer des Nationalsozialismus erinnert.

[2] Der Mann hieß Carolus Clusius (1526–1609) und war Gelehrter, Arzt und Leiter des kaiserlichen botanischen Gartens in Wien. In dieser Funktion kultivierte er die Tulpe, die ein flämischer Edelmann aus Konstantinopel mitgebracht hatte, indem er fünfzehnhundert importierte Samen im Garten Kaiser Maximilians II. aussäen ließ. 1593 wurde er Professor für Botanik an der Universität Leiden, richtete dort den Hortus Academicus ein und verhalf der Tulpe so zu ihrer bemerkenswerten Karriere in den Niederlanden.

[3] Apropos *kaas* bzw. Käse. Dass der in den Niederlanden so beliebt ist, hat historische Gründe. So galten die nassen Böden in *Noord-Holland, Zuid-Holland* und *Friesland* als besonders gut geeignet für die Haltung von Milchvieh. Erst auf Bauernhöfen und später in Fabriken wurde die Käseherstellung immer weiter ausgebaut und spezialisiert. 2002 zum Beispiel wurden in den Niederlanden 650 Millionen Kilogramm Käse hergestellt, wovon fast ein Drittel nach Deutschland exportiert wurde.

epiloog

VOM KONINGINNEDAG habe ich ehrlich gesagt gar nicht so viel mitbekommen. Erst musste ich lange schlafen, weil die Koninginnenacht nach meiner sentimental angehauchten Rede noch ziemlich fröhlich wurde und erst im Morgengrauen endete. Dann musste ich meine Sachen zusammenpacken, wobei ich mehrere Kartons mit Büchern, selbstgebrannten CDs (De Dijk und so) und diversen Andenken füllte, die mir Mathilde später mit der Post nachschicken würde.

Schließlich lief ich noch ein paar Stunden durch die Straßen von Amsterdam, in denen an diesem Tag eine Stimmung herrschte, die mich mal an den Kölner Karneval, mal an die Love-Parade und mal an die Fußball-WM in Berlin erinnerte. So viele Menschen auf einmal hatte ich im ganzen vergangenen Jahr noch nicht erlebt, viele von ihnen in Orange, andere im Rot-Weiß-Blau der niederländischen Flagge. Alle Konflikte, alle Probleme und alle Diskussionen dieses melting pot schienen für einen Tag aus der Welt geschafft, Königin Beatrix die Mutter aller Nationen und das holländische Liedgut das schönste auf Erden.

Gern hätte ich mich ein letztes Mal mitreißen lassen vom Übermut der Amsterdamer, aber irgendetwas hinderte mich daran. Waren es die Abschiedsgefühle? War es die Unsicherheit der nächsten Wochen und Monate? Die Melancholie, die den Fremden erfüllt, wenn er merkt, dass er am Ende doch nur Gast ist und es vermutlich auch immer bleiben würde? Mit einem Kaffee aus der Thermoskanne, den mir ein kleines Mädchen an einer Straßenecke für fünfzig Cent verkaufte, saß ich schließlich auf einer Bank an einer Gracht und blätterte in dem Gedichtband von Hendrik Marsman, den mir Maartje zum Abschied geschenkt hatte. Amsterdam richtig kennenzulernen, die Amsterdamer in ihrem Wesen wirklich zu verstehen, mit all ihren Ritualen und Gebräuchen, dafür würde ich wohl ein paar Jahre länger brauchen, aber immerhin, der Anfang war gemacht.

Am nächsten Morgen musste ich sehr früh nach Schiphol aufbrechen. Meine Mitbewohner schliefen noch, und ich wollte sie auch nicht wecken, um es mir und ihnen nicht noch schwerer zu machen. Ich rief mir ein Taxi, fuhr raus aus der Stadt und versuchte nach vorn, nach Berlin, zu schauen. Mein Flug wurde gerade aufgerufen, als hinter mir jemand meinen Namen rief, von dem ich ganz vergessen hatte, mich zu verabschieden. Da stand er und drehte sich eine Zigarette.

„Hoi Bettina, sag mal, was hältst du davon, wenn wir deine Abreise noch ein bisschen verschieben?"